Massimo Lapponi

Il chiostro la casa e il tempio nella luce di San Benedetto

Massimo Lapponi

Il chiostro la casa e il tempio nella luce di San Benedetto

Una via antica e nuova per il rinnovamento del popolo di Dio

Edizioni Sant'Antonio

Imprint
Any brand names and product names mentioned in this book are subject to trademark, brand or patent protection and are trademarks or registered trademarks of their respective holders. The use of brand names, product names, common names, trade names, product descriptions etc. even without a particular marking in this work is in no way to be construed to mean that such names may be regarded as unrestricted in respect of trademark and brand protection legislation and could thus be used by anyone.

Cover image: www.ingimage.com

Publisher:
Edizioni Accademiche Italiane
is a trademark of
International Book Market Service Ltd., member of OmniScriptum Publishing Group
17 Meldrum Street, Beau Bassin 71504, Mauritius

Printed at: see last page
ISBN: 978-613-8-39084-8

Il chiostro la casa e il tempio nella luce di San Benedetto

Una via antica e nuova per il rinnovamento del popolo di Dio

di Don Massimo Lapponi

L'inaspettata attualità di un'antica regola monastica

Nelle pagine di questo volume vorrei rivisitare una singolare avventura spirituale, svoltasi nell'ultimo decennio, ma preparata da lunghi anni di riflessione, di preghiera e di esperienza e destinata a svilupparsi ancora negli anni a venire.

Dopo una maturazione spirituale possiamo dire di un'intera vita, nel 2009 usciva alla stampe, a cura della Libreria Editrice Fiorentina, il mio volume *San Benedetto e la vita familiare*. Alla base del volumetto vi era l'intuizione che San Benedetto, proponendosi di dare una forma "divina" alla vita quotidiana di persone che vivono insieme, aveva fatto la scelta più giusta e più feconda per il bene degli uomini e per l'espansione del regno di Dio.

Infatti è la vita quotidiana il banco di prova degli uomini e la vita quotidiana non è mai una vita "singola", ma necessariamente è una vita vissuta in comune. Chi, dunque, è capace di dare una regola divinamente ispirata alla vita in comune - e quindi *in primis* alla vita familiare - ha la chiave del destino del mondo. È questa la grandezza di San Benedetto, ma è una grandezza che non è stata sufficientemente valutata e che, nell'attuale situazione del mondo, rischia di essere dimenticata, mentre essa costituirebbe il più efficace mezzo di salvezza per la società di oggi.

Questa intuizione era ampiamente illustrata nel mio volume. Ma, come è ovvio, non basta fare un bel progetto: bisogna metterlo in pratica. Per questo, subito dopo la pubblcazione del libro, presso l'Abbazia Benedettina di Farfa, abbiamo incominciato a radunare un buon numero di famiglie per insegnare loro, attraverso incontri mensili e campi estivi, il nostro progetto.

Questa esperienza è durata alcuni anni, anche se è stata poi ridimensionata, ma non del tutto interrotta, a causa dell'incarico che ho avuto, dal 2011 in poi, di occuparmi di una fondazione monastica in Sri Lanka.

Dai suddetti incotri familiari sono scaturite molte riflessioni importanti e, soprattutto, è sorta l'esigenza di un accompagnamento più efficace di quello che potevano offrire gli incontri mensili e i campi estivi. Le famiglie, infatti, per poter seguire un progetto così impegnativo, avevano bisogno di molto di più.

Da qui sorse l'idea di creare una vera "scuola per la famiglia", per la quale ben presto si stabilì la necessità di dodici insegnamenti. Quando, dunque, la suddetta scuola era ancora soltanto un sogno vagheggiato, già per essa avevamo trovato il nome: "La corona di dodici stelle".

Penso che, a questo punto, sia interessante rileggere una riflessione che fu scritta dopo il campo estivo del 2010.

Proposte per un progetto operativo

Ambito sacro

Bisogna rendere visibile, sensibile, bella e avvincente la sfera del sacro. Per questo scopo si dovrà lavorare con impegno e con le necessarie competenze.

1. Per prima cosa dobbiamo progettare e realizzare nelle nostre case uno spazio per la preghiera che sia significativo e che parli al cuore dei grandi e dei piccoli. Partiamo dall'esempio offerto dal barocco andino, che una mostra recente ci ha fatto conoscere. I bellissimi esemplari di iconografia sacra esposti nella mostra, che tante famiglie dell'America latina acquistano perché li considerano giustamente come una benedizione per la loro dimora, ci fanno comprendere quale potere sanamente suggestivo possieda una bella simbologia sacra in una casa - e per contrasto quale suggestione negativa abbiano le immagini mondane, e non raramente immorali, che tanto spesso adornano le abitazioni moderne. Attorno all'immagine, o alla statua, principale - che naturalmente si può scegliere con libertà - bisogna creare un contorno adeguato: altare, drappi, centrini, immagini minori, fiori, luci, candele etc. Tutto ciò richiede diverse abilità, per alcune delle quali ci si può anche aiutare tra diverse famiglie, perché non tutti possono saper fare tutto - questo principio va tenuto presente per tutto il seguito della proposta, per rispondere alla facile obiezione che a due poveri genitori e ai loro figli ancora piccoli si richiedono troppe cose. Per creare qualche cosa di personale, e per coinvolgere in questo anche i bambini, sarebbe molto opportuno imparare a modellare con le proprie mani le immagini sacre. Per questo si rende necessario un insegnamento adeguato, che potrebbe avere interesse anche per finalità non sacre. Come si è accennato, qualcuno, avendo acquisito la necessaria abilità, potrebbe mettersi a disposizione di diverse famiglie.

2. Si tratta poi di acquisire la necessaria istruzione e sensibilità religiosa e di avere un ampio repertorio di preghiere e di canti che veramente commuovano il cuore, adatti

alle diverse circostanze della liturgia e della vita della famiglia. Ciò implica, oltre a un'adeguata formazione culturale, anche la necessità di imparare ad eseguire con efficacia le preghiere e i canti. Si propone dunque di organizzare un insegnamento sulla ricchissima tradizione religiosa e liturgica e sulle relative abilità, e di allestire un centro di raccolta di testi, di preghiere e di canti, disponibili, senza grave dispendio, per tutte le famiglie. Questo ruolo può benissimo essere svolto da una comunità claustrale che prenda a cuore questo progetto. Il canto sacro si potrà agevolmente apprendere anche nell'ambito dell'insegnamento di musica per altre finalità, di cui si dirà in seguito.

3. Altra necessità è avere testi di preghiera eseguiti con scrittura artistica e belle miniature. I nostri padri ci hanno lasciato un patrimonio di codici liturgici artisticamente realizzati, che impreziosiscono meravigliosamente la preghiera. Al contrario, moltissime pubblicazioni liturgiche e devozionali di oggi si distinguono poco, dal punto di vista grafico, dagli elenchi del telefono - senza parlare di certe moderne produzioni iconografiche che farebbero passare la voglia di pregare anche a chi la avesse. Si potrebbe anche qui creare un insegnamento, che potrebbe coincidere con quello relativo alle immagini. Chi avrà imparato il lavoro di scrittura artistica e di miniatura, potrebbe mettersi a disposizione delle esigenze delle famiglie interessate e potrebbe facilmente trovare in questo lavoro anche una fonte di reddito - e ciò naturalmente vale per tutte le abilità acquisite.

4. Ma la presenza del sacro si deve estendere anche altrove: alla mensa, al soggiorno e alle stanze private, dove non deve mancare un'adeguata simbologia, né la presenza di testi e canti adatti - come i canti di preghiera prima e dopo i pasti. Anche qui può essere prezioso il consiglio di persone competenti. A questo va aggiunta la necessaria educazione alla preghiera personale, alla lettura sacra, alla vittoria sul proprio egoismo, mediante la rinuncia al superfluo, e la gioia del dominio di sé e della carità verso i bisognosi. Solo su questa base esperienziale ed emozionale si può fondare un'efficace istruzione religiosa.

5. Si propone di introdurre in tutte le famiglie un bellissimo costume siciliano. In Sicilia, come nel giorno della Befana, così nel giorno dei defunti si fanno trovare regaletti ai piccoli - sulla scelta da fare per i regali si tenga conto di quanto si dirà in seguito. Sono i morti che portano i regali, e ciò costituisce un bellissimo legame tra i piccoli e i loro antenati. Questo legame è profondamente rafforzato e motivato da un costume ancora più bello: l'anziano che coscientemente si prepara a morire, per tempo incomincia a salutare gli altri, e soprattutto i piccoli, abbracciandoli e benedicendoli e promettendo di vegliare dal cielo su di loro in attesa di rivederli nella casa del Padre. Alla diffusione inqualificabile della festa di *Halloween*, si dovrebbe opporre la diffusione di questi commoventi costumi siciliani.

Ambito profano

Si dice profano per modo di dire, perché ogni cosa buona è sacra.

I genitori dovrebbero entrare nell'idea che le loro abilità naturali o acquisite devono essere messe a frutto prima di tutto nella loro casa e per l'utilità dei piccoli - cioè non solo dei propri figli, ma di quanti frequentano il loro ambiente domestico: se si crea una collaborazione tra famiglie ciò potrebbe avere un imprevedibile sviluppo. Purtroppo molte cose che si imparano a scuola servono poco per la vita domestica. Per questo molti credono di realizzarsi meglio nelle attività professionali fuori casa. Ma si tratta, nella maggioranza dei casi, di una grande illusione. Ad ogni modo, visto che spesso la nostra scuola non fornisce le abilità necessarie a vivere bene insieme nella vita di tutti i giorni, bisognerà rimediare con insegnamenti adeguati.

Partiamo dal principio che bisogna impegnarsi seriamente a:

1. rendere bella e gradevole la casa

2. impegnare il proprio tempo e le proprie forze a servizio dei piccoli perché crescano bene e con occupazioni sane

3. creare momenti di convivenza gioiosa, soprattutto in occasione dei pasti e delle ricreazioni serali e domenicali

1. Per rendere bella e gradevole la casa bisogna per prima cosa formarsi un gusto adeguato, ciò che si ottiene mettendosi umilmente alla scuola di persone esperte nelle arti belle. Poi bisogna eliminare tutto ciò che rende disordinata, brutta e sgradevole l'abitazione - e, oltre alla pigrizia e alla trascuratezza, quanta robaccia ha introdotto la moda più deteriore nelle nostre case! Il gusto che avremo acquisito ci permetterà di saper scegliere gli oggetti adeguati per rendere bella la nostra abitazione. Ma è molto importante imparare a fare le cose con le proprie mani, perché i prodotti industriali portano sempre impresso il marchio dell'anonimato. Bisognerà perciò riacquisire le abilità manuali dei nostri antenati, che noi, per l'eccesso della meccanizzazione, abbiamo perduto. Si possono proporre, per questo, insegnamenti di cucito e ricamo, disegno e pittura, scrittura artistica, decorazione e arredamento. Una donna eroica e geniale, morta prematuramente durante la guerra, scrisse che la sfida dei tempi moderni è di ritrovare la spiritualità del lavoro. Ora il lavoro non può ritrovare la sua spiritualità se non ritorna ad essere espressione creativa di se stessi. Ciò difficilmente oggi si può realizzare nella professione, ma lo si può agevolmente realizzare in casa, a beneficio dei propri cari, e anche a più largo raggio, e per la gioia propria ed altrui. Questo lavoro creativo non può essere che un lavoro fatto con le proprie mani e con strumenti semplici che non annullino l'opera delle mani dell'uomo. Inoltre la perfezione del lavoro richiede la collaborazione e la continuità delle generazioni. Per questo dobbiamo riallacciarci all'eredità dei nostri padri, riprendendo le loro realizzazioni e le loro tecniche e conservando, nelle nostre abitazioni, i bei ricordi di famiglia.

Non bisogna però trascurare l'aspetto più tecnico della casa e la necessità, anche per ottenere un notevole risparmio sulle spese, di acquisire le abilità necessarie per l'uso, la manutenzione e la riparazione delle diverse utenze proprie di un'abitazione moderna.

Dunque si propone, oltre agli insegnamenti artistici e artigianali, anche un insegnamento di moderne tecniche di uso, costruzione e manutenzione.

2. A tutti dovrebbe essere ormai noto che la sostituzione del gioco tradizionale, manuale e creativo, con le ore passate davanti alla televisione e con le illusorietà della comunicazione mediatica e del gioco elettronico sta distruggendo il sistema nervoso e le facoltà psichiche dei nostri figli. Nessuno però osa correggere il costume imperante. Ma senza farci intimidire da niente e da nessuno, abbiamo invece il dovere di andare risolutamente contro corrente. Possiamo farlo se ci impegniamo personalmente ad allontanare i piccoli dallo spropositato eccesso di messaggi virtuali - che devono essere ridotti ad una misura minima, tanto più ristretta quanto minore è l'età e perciò lo stadio formativo del bambino - e a sostituirli con il gioco manuale. Se si vuole, si può rendere quest'ultimo non solo molto più divertente della passività televisiva o dell'eccitazione artificiale dei giochi elettronici, ma anche fortemente creativo e istruttivo. Così facendo favoriremo lo sviluppo delle facoltà non solo manuali, ma anche intellettive del bambino, e lo avvieremo ad un facile apprendimento di nozioni utili per la scuola e per la vita. Senza contare che eviteremo l'inaridirsi, dietro ai prodotti prefabbricati dell'industria pseudoculturale, della fantasia infantile, spontaneamente aperta all'intuizione dei più profondi misteri della vita. Ma per far questo bisogna spendere il proprio tempo con i piccoli, e non lasciarli (apparentemente!) buoni buoni a guardare la televisione mentre noi ci dedichiamo a cose "serie" e da "adulti", come parlare al telefono con un'amica o leggere il *Corriere dello Sport*. Bisognerà dunque guidarli nei loro giochi - e non soltanto nei loro studi! - e ciò richiede una previa preparazione. Altro apprendimento necessario: riacquisire l'abilità del gioco ricreativo e istruttivo eseguito con materiali semplici. Sembra una cosa da poco, ma c'è un'infinità di giochi dimenticati e da riscoprire, messi in soffitta a causa dell'impero assoluto della televisione, oltre all'opportunità di inventarne di nuovi per promuovere nei piccoli il

facile apprendimento delle nozioni utili, secondo il metodo già a suo tempo promosso da Maria Montessori, da Freinet e da altri grandi educatori.

3. Anche per rendere i pasti gioiosi bisogna impegnarsi. Prima di tutto anche qui si deve assolutamente eliminare la televisione accesa. Ma non basta: bisogna richiedere da tutti una scrupolosa puntualità, far precedere il pasto da una bella preghiera cantata, ornare con gusto la tavola, eliminare il *fast-food* e riacquisire le arti della buona cucina. In tutto questo - che naturalmente richiede tempo e lavoro - la mammina non deve accollarsi tutto il lavoro, ma al contrario deve rigorosamente esigere la collaborazione di tutti. Ciò avrà anche l'effetto di insegnare presto ai figli - e alle figlie - ad amare l'arte della buona cucina e a non considerare tempo perso l'impegno ad essa dedicato.

Quanto ai momenti ricreativi, serali e domenicali, anch'essi richiedono una riduzione sostanziale dell'uso della televisione, che dovrebbe essere confinato ai casi - piuttosto rari - in cui sono proposti programmi realmente istruttivi o di valore artistico. Bisogna invece riscoprire e rivalutare tante altre forme di ricreazione comune. Oltre ai giochi e alle attività artigianali di cui si è parlato, è molto importante ridare importanza alla condivisione della musica e della lettura poetica e letteraria. Ma quando si parla di musica e di linguaggio - non solo letterario, ma anche giornaliero - bisogna badare a distinguere le espressioni musicali e linguistiche che elevano e ricreano l'animo da quelle che lo abbrutiscono - oggi purtroppo tanto diffuse, specialmente tra la gioventù.

Per questo è assolutamente necessario un insegnamento, adatto propriamente ai genitori, che formi il loro gusto e dia loro le necessarie abilità di canto - e possibilmente anche di esecuzione strumentale - e di lettura espressiva, e fornisca le relative conoscenze storiche. Oltre a ciò bisognerebbe mettere a disposizione di tutti un facile e non dispendioso accesso ai più svariati testi di bel canto e di bella musica popolare, classica e moderna e ai relativi strumenti, e alle inesauribili ricchezze della poesia e della letteratura sacra e profana, antica e moderna. In questo i moderni mezzi elettronici, correttamente usati, costituiscono una nuova risorsa inesauribile, in grado di moltiplicare oltre ogni limite le possibilità di accesso ai tesori della cultura di ogni tempo e luogo.

Come si è detto a proposito della preghiera liturgica, anche in questo ambito - come del resto in tutti quelli elencati in questo progetto - una comunità claustrale potrebbe mettersi a disposizione delle famiglie umane per offrire loro la formazione culturale, la trasmissione delle necessarie abilità e la disponibilità dei testi e degli strumenti.

Intanto il volume aveva successo a livello internazionale. Una dopo l'altra uscirono le edizioni inglese, francese, portoghese e spagnola. Quest'anno, 2018, è uscita anche una seconda edizione inglese, pubblicata in Sri Lanka e arricchita di nuovi documenti.

Il 21 marzo 2014, festa di San Benedetto, in occasione della presentazione dell'edizione portoghese del volume, fui invitato in Portogallo, presso il Santuario di San Bento de Porta Aberta, a fare una conferenza illustrativa dell'iniziativa.

Riporto qui di seguito il testo della conferenza.

Conferenza in Portogallo

Gentili Signori e Signore,

ringrazio il Dott. Carlo Alberto Aguiar Gomes, che mi ha invitato a questo incontro, e tutti voi qui presenti. Quello che vorrei fare in questa occasione non è tanto una conferenza, quanto un appello. E il mio appello vuole essere l'eco di quello di San Paolo: «Vi esorto dunque, fratelli, per la misericordia di Dio (...) Non conformatevi alla mentalità di questo secolo, ma trasformatevi rinnovando la vostra mente, per poter discernere la volontà di Dio, ciò che è buono, a lui gradito e perfetto (...) È ormai tempo di svegliarvi dal sonno, perché la nostra salvezza è più vicina ora di quando diventammo credenti. La notte è avanzata, il giorno è vicino. Gettiamo via perciò le opere delle tenebre e indossiamo le armi della luce. Comportiamoci onestamente, come in pieno giorno: non in mezzo a gozzoviglie e ubriachezze, non fra impurità e licenze, non in contese e gelosie. Rivestitevi invece del Signore Gesù Cristo e non seguite la carne nei suoi desideri» (Rm 12, 1-2; 13, 11-14).

Questo appello di San Paolo vorrei ora tradurlo e renderlo operante in un progetto che vuole rivisitare la vita attuale delle nostre famiglie per far penetrare in esse il soffio della luce di Cristo. L'attuale crisi della vita familiare, infatti, come preciserò meglio subito, deriva principalmente dal fatto che nelle sue abitudini quotidiane è stata già da tempo in troppo larga misura esclusa la potenza rinnovatrice dello Spirito Santo.

Come forse già sapete, il Dott. Gomes ha pensato ad invitarmi a questo incontro perché nel 2009 ho pubblicato in Italia un volume dal titolo *San Benedetto e la vita familiare*. Questo volume è stato successivamente pubblicato in inglese nel 2010, in francese nel 2012 e ora dovrebbe essere pronta anche l'edizione portoghese. È stata fatta anche la traduzione in lingua spagnola, ma non mi è stato ancora possibile trovare qualcuno disposto a pubblicarla.

Ora questo libro non vuole essere semplicemente un testo da leggere, ma un progetto da realizzare. Si vuole cioè superare il momento della teoria, degli studi e delle conferenze ed entrare nel vivo della vita quotidiana delle famiglie per accompagnarle per mano a realizzare quei cambiamenti, e direi quasi quella conversione comunitaria necessaria a guarirle dalle piaghe che in vari modi le affliggono. Infatti, oggi, la crisi della famiglia non deriva soltanto dalle pressioni esercitate su di essa dalla società o dai difetti della legislazione, ma anche da abitudini di vita quotidiana che a poco a poco, attraverso i decenni, si sono introdotte nelle nostre case e hanno finito per condizionare negativamente le nostre abitudini e i nostri comportamenti. E siamo ormai così abituati a certi modi di vita e di comportamento che ci sembra impossibile modificarli.

Così scrivo nel mio volume:

La famiglia «è esposta alla maggiore degradazione, perché la vita che si svolge nella casa quasi universalmente subisce il condizionamento di un andazzo comune passivamente accettato come una fatalità ineluttabile. Di fronte a un costume diffuso che, senza chiedere il permesso, prima ancora che incominci la convivenza, si insedia da padrone nell'abitazione, i singoli - siano marito, moglie o figli - si sentono e sono impotenti. Televisione sempre accesa e disponibile ad ogni messaggio, uso selvaggio e spesso precocissimo e irresponsabile dei moderni mezzi elettronici (*internet*, *playstation*, giochi e giochetti elettronici, cellulari etc.), orari disattesi, mensa disertata, liberi rientri notturni dei giovani, libri, riviste, giornali e giornaletti di genere deteriore che girano senza riguardi per la casa, abbigliamento giovanile pronto a seguire senza ritegno qualsiasi moda, pseudomusica che aleggia per la casa o si intrufola nei cervelli attraverso le cuffie, ornamenti e immagini di ogni gusto e genere - rarissimamente di arte bella classica o di religione - genitori e figli sempre assenti, con il centro dei loro interessi sempre fuori della casa».

In questa situazione come può penetrare nelle nostre famiglie la luce di Cristio? Chi ascoltasse una conferenza sulla spiritualità familiare, anche se illustrata con i migliori argomenti, tornando a casa si sentirebbe impotente di fronte a una situazione che, come ho detto, si impone come una necessità ineluttabile.

Ma non c'è nulla di ineluttabile, e la libertà che Cristo ci ha conquistato deve renderci capaci di operare i cambiamenti necessari al bene delle nostre famiglie. Dobbiamo anzi riconoscere che siamo scandalosamente in ritardo in questa opera di conversione e di risanamento. Per questo risanamento, ovviamente, non bastano le conferenze, per quanto utili, ma è necessario che si proponga un ben definito progetto di vita comune e che si mettano a disposizione delle famiglie i mezzi necessari per realizzarlo.

Dirò ora brevemente qualche cosa sul progetto che ormai da diversi anni sto cercando di proporre e di diffondere.

Come si capisce dal titolo del volume, esso fa riferimento alla Regola di San Benedetto.

Quest'opera, che San Benedetto scrisse nel corso di una lunga vita, è un piccolo libro e non contiene ampi trattati di spiritualità, tanto che ad una prima lettura può lasciare delusi. Che il santo organizzi la giornata dei monaci, e perciò si dilunghi nello spiegare in che modo si debba dormire o mangiare, potrà essere stata per lui una necessità, ma a noi che cosa interessa? Perché non ci parla delle sue esperienze mistiche? Non sappiamo già da noi come si dorme e come si mangia? Ebbene, no! Non lo sappiamo! Non sappiamo organizzare bene le nostre giornate, e soprattutto non sappiamo organizzarle come comunità e come famiglia. Tutto ciò che impariamo a scuola ci serve a ben poco per questo. Abbiamo imparato la matematica, la storia, le scienze, magari anche la teologia, ma nessuno ci ha insegnato a vivere, e a vivere bene in una comunità familiare.

Ora San Benedetto dice esplicitamente all'inizio della Regola che egli vuole costituire una "scuola del servizio di Dio", cioè una scuola diversa dai nostri licei e dalle nostre università, una scuola in cui si impara a vivere, e a vivere insieme. Potremmo dire che in essa si impara a far penetrare lo spirito di Cristo nella vita quotidiana delle famiglie.

Per imparare a vivere cristianamente insieme non è necessario avere diplomi e lauree, ma è invece necessario mettere le proprie membra, il proprio tempo, la propria volontà, la propria intelligenza a disposizione della comunità o della famiglia in cui si vive. Bisogna perciò cambiare mentalità e capire che il primo dovere dei giovani non è lo studio, come oggi tutti pensano, e che il primo dovere degli adulti non è la professione, ma che il primo dovere di tutti è la collaborazione generosa e la donazione di se stessi per una fraterna vita comune. In essa ogni lavoro è nobile, e anzi i lavori più umili sono quelli più nobili e più santi. La parola "umile" viene dal latino "humus", "terra", e indica perciò quei lavori in cui l'uomo imprime, con la faticosa vittoria su se stesso, l'impronta del suo spirito nel fango di questa terra e nella sua propria carne.

Cristo ha rivoluzionato più di chiunque altro il lavoro umano quando ha lavato i piedi agli apostoli invitandoci a seguire il suo esempio. Con questo egli ci ha insegnato che l'amorosa donazione di noi stessi, con la quale affrontiamo ogni fatica e mettiamo le nostre membra a servizio del prossimo, è la vera strada che ci eleva a Dio e nobilita la nostra vita.

San Benedetto ha perfettamente capito questo insegnamento e quanto egli scrive a proposito del lavoro di cucina vale per ogni altro lavoro che implica un faticoso servizio: «I fratelli si servano l'un l'altro» egli afferma, «sicché nessuno sia dispensato dall'ufficio della cucina, se non perché infermo ovvero occupato in affare di grande utilità, giacché con ciò si guadagna una maggiore ricompensa e un maggior merito di carità».

Ora chiediamoci: se questo è vero, perché nelle nostre famiglie il servizio di cucina e tutti gli altri lavori domestici devono ricadere esclusivamente sulle spalle della madre? Perché si pensa che questi sono lavori di bassa qualità e di basso valore, mentre il capo di casa deve esercitare la sua nobile professione e i signorini figli hanno il sacrosanto dovere di studiare. Quindi la "mammina" deve sobbarcarsi tutto il disprezzato servizio della casa, e neanche ci si deve scomodare per ringraziarla. È vero che a volte sono le donne stesse che si vogliono assumere tutto il servizio di casa. Ma il risultato è sempre lo stesso: le madri si sentono maltrattate e umiliate, mentre il marito si vizia e i figli crescono in un invincibile egoismo, al quale i bei voti a scuola non porteranno alcun rimedio.

Proviamo dunque a fare una piccola rivoluzione e ad applicare su questo punto la Regola di San Benedetto anche nelle nostre famiglie: essa ci insegna che i lavori di casa sono nobilissimi, perché ci acquistano un grande merito e accrescono la carità. Dunque, secondo le prescrizioni della Regola, tutti a turno devono eseguirli. E ciò non deve essere fatto come se si trattasse di un male necessario, di una noia e di una perdita di tempo, sottratto allo studio, alla professione o a cose più importanti e piacevoli. Al contrario, piegare le proprie membra pigre e fiacche all'impegno faticoso per realizzare una cosa bella e buona, come riordinare una stanza, preparare un pranzo gradito, ripulire e rimettere in bell'ordine le stoviglie deve essere fonte di soddisfazione e di gioia, sia perché si vede il frutto delle proprie mani in un'opera costruttiva e utile, sia perché si sperimenta la forza vittoriosa del proprio spirito sulla pesantezza della carne.

E non contiene in sé questo umile lavoro il segreto delle opere più grandi, come il servizio eroico della carità e la realizzazione gioiosa della bellezza dell'arte? Ancor più: non c'è in esso la misteriosa presenza della croce di Cristo, che attraverso l'umiliazione del dono di sé conduce alla gioia della risurrezione? Pensiamo infatti che il lavoro assiduo e paziente è produttore non soltanto di case pulite e ordinate o di panni lavati e stirati, ma anche di sentimenti di gratitudine e di amore per il servizio reso a sofferenti e bisognosi, e inoltre di belle piante, fiori e decorazioni, di bei vestiti, bei mobili, bei disegni, dipinti e opere di artigianato e di arte. Per questo certamente la decadenza attuale delle arti belle dipende soprattutto dal fatto che in famiglia non si coltiva più il lavoro fatto con le proprie mani - e nessuna accademia può supplire a questa mancanza. Ora, come potremo seguire la "via pulchritudinis", a cui ci invita il papa, se non ritorniamo a lavorare in questo modo?

Ma l'opera di costante lavoro su se stessi si estende anche all'educazione della maniera di agire e di parlare, all'espressione della voce, al canto. Lo stesso studio - che naturalmente non si vuole affatto disprezzare - attraverso l'applicazione alla propria vita, viene ricondotto dalla sfera astratta e teorica, alla dimensione personale e interpersonale.

Da molti sono stati sottolineati i danni e gli svantaggi dell'allontanamento della donna dagli impegni familiari e casalinghi, mentre al contrario altri protestano che non bisogna di nuovo rinchiudere la donna tra le pareti domestiche. Ma qui non si tratta della donna: tutti devono essere riportati a rivalutare e a privilegiare il lavoro fatto per il bene della comunità familiare rispetto agli impegni esterni, riflettendo inoltre sul fatto che il lavoro fatto nella casa o per la casa ci procura le ricchezze interiori ed esteriori necessarie anche per il lavoro che svolgiamo nella società.

San Benedetto insegna che i doni che Dio ci ha dato e le virtù e le capacità che abbiamo acquisito, vanno messe in opera prima di tutto nel monastero, perché esso sia veramente la casa di Dio, in cui nessuno si turbi e si rattristi. Ma ogni famiglia, seguendo questo insegnamento, dovrebbe operare per essere una casa di Dio, in cui nessuno si turbi e si rattristi. Ciò però si può ottenere soltanto se ognuno impara a mettere a disposizione la sua buona volontà per servire ad un progetto di vita comune.

Tenendo conto di quanto è stato detto, vorrei dunque presentare, in forma molto sintetica, un progetto di vita comune ispirato all'insegnamento di San Benedetto e alla plurisecolare tradizione monastica e adattato alle esigenze della vita familiare di oggi:

chi ha la responsabilità di guidare gli altri nella vita comune deve pensare per prima cosa al loro bene spirituale e morale;

deve perciò disporre lo spazio e il tempo della vita comune in modo che tutti possano essere illuminati dalla luce di Dio e possano farla risplendere nella vita di tutti i giorni;

un posto privilegiato lo ha perciò la preghiera comune, che non deve essere lasciata al caso, né fatta in modo sbiadito, meccanico, insignificante, ma deve avere i suoi orari precisi e deve essere ben preparata, bene eseguita e arricchita da tutto ciò che possa commuovere l'animo dei partecipanti; in particolare la tradizione ecclesiastica e monastica ha sviluppato come espressione della preghiera liturgica, oltre ad una immensa abbondanza di testi in poesia e in prosa, gli arredi, gli ornamenti e le immagini artistiche, i libri con scrittura e decorazioni espressive, il canto; questa è proprio la "via pulchritudinis", applicata per prima cosa, come è giusto, alla preghiera della famiglia;

lo Spirito di Dio, che ha riempito gli animi nella preghiera, deve manifestarsi nelle opere; dunque i membri della comunità o della famiglia devono lavorare con impegno e autodonazione in tutti i servizi necessari alla vita comune, per prima cosa nei lavori domestici di ogni genere, come anche in tutto ciò che serve ad ornare la casa per la gioia di tutti e ad arricchire i momenti di fraternità e la preghiera comune;

lo Spirito di Dio ci spinge anche a compiere bene il lavoro o lo studio fuori casa e a dedicarci ad opere di carità verso i bisognosi di ogni tipo che sono nel mondo; l'impegno della carità non può essere assente dalla vita di una famiglia cristiana e non si può lasciare al caso; esso però deve essere fatto concordemente da tutta la famiglia, senza che, per compierlo, si trascurino i doveri di giustizia e di carità verso la comunità familiare; è necessario infatti, perché si possa dare agli altri, che ci sia la disponibilità dei beni e delle forze, la quale nasce da una bene organizzata vita familiare, e se si vuole sollevare qualcuno da una situazione di miseria e di disordine, è necessario indirizzarlo verso un modello di vita migliore, che la famiglia deve essere in grado di offrire; inoltre fare il bene agli altri in modo efficace è una cosa assai ardua, in cui, per mancanza di preparazione adeguata e di esperienza, è molto facile sbagliare, e quindi rimanere delusi e rinunciare; bisogna dunque imparare da chi ha esperienza e conoscere e saper applicare gli insegnamenti sociali della Chiesa;

per vivere in concordia e pace nella comunità familiare bisogna sottomettersi in spirito di obbedienza ad alcune esigenze che riguardano l'organizzazione del tempo, la scelta e l'uso degli oggetti e degli strumenti; gli orari devono essere rispettati; la mattina, anche nei giorni di vacanza, bisogna alzarsi tutti presto, ad un orario stabilito, e fare le cose con ordine e sollecitudine; agli impegni comuni bisogna essere presenti e puntuali; in particolare, oltre ai momenti di preghiera comune, è necessario essere tutti presenti e puntuali ai pasti, che si incominciano con la preghiera e in cui vanno rispettati i canoni dell'educazione e del servizio; durante i pasti non deve esserci la televisione accesa, ma tutti devono partecipare ad un colloquio fraterno; dopo cena non bisogna andare fuori casa, se non eccezionalmente, non deve esserci l'uso abituale della televisione, ma, tranne il caso che vi sia qualche importante trasmissione, bisogna lasciare libero il tempo per una comune distensione con letture, giochi, musica ben scelta, lavoro artistico o artigianale, eventualmente anche la visione di un video opportunamente selezionato e altre cose adatte alla pace della sera; a un'ora non troppo tarda, dopo la preghiera conclusiva, ci si ritira nel silenzio e nel raccoglimento; non devono girare per casa libri, giornali o pubblicazioni in qualsiasi modo pericolosi; al contrario deve essere favorita la presenza di tutto ciò che è bello e istruttivo; una scelta analoga va fatta per la musica, per le immagini e per le decorazioni.

La delineazione riassuntiva che ho fatto è certamente troppo concisa e andrebbe meglio spiegata e sviluppata. Per questo vi rimando al mio libro.

Ma ecco ora il problema pratico che nasce da questo progetto: non si richiede troppo alle famiglie? Per poter realizzare un programma di vita comune così contro corrente bisognerebbe che i genitori avessero una preparazione estesa a svariatissime cose, molte delle quali esulano dai comuni corsi scolastici. Così ad esempio si dice che la preghiera comune deve essere vivificata dalla scelta dei testi, da una lettura espressiva, dalle decorazioni dell'arte, da canti ben scelti e bene eseguiti. Inoltre si dice che bisogna saper esercitare la carità nel mondo esterno alla famiglia in modo efficace e secondo una prassi sociale conforme agli insegnamenti della Chiesa. Si aggiunge che bisogna saper scegliere opportunamente i libri e le varie pubblicazioni, ovvero le trasmissioni e i video, evitando ciò che è nocivo e promuovendo tutto ciò che vi è di bello e di buono. Molte altre cose ci sarebbero da aggiungere di cui qui non è possibile parlare diffusamente.

Ma quante competenze sono necessarie per poter realizzare un tale programma!? Dalle discussioni e dalle esperienze avute in questi anni ho potuto elencare dodici punti in cui genitori e futuri genitori dovrebbero acquisire la necessaria preparazione. Li ho chiamati "la corona di dodici stelle" e potete trovarli elencati nei fogli che sono stati distribuiti.

Come pretendere tutto questo da due sposi o fidanzati di oggi?

Ecco dunque il problema: da una parte vediamo la necessità che i genitori abbiano l'opportuna formazione, se veramente vogliono correggere le storture che si sono introdotte nelle nostre famiglie; e dall'altra ci chiediamo come è possibile metterli in grado di avere questa indispensabile preparazione. La risposta mi sembra evidente: è assolutamente necessario creare una scuola per genitori e fidanzati, che offra loro tutte le opportunità di un'adeguata formazione. Tanti santi dei tempi passati hanno affrontato la necessità di creare scuole che non esistevano: scuole per i poveri, scuole per i giovani, scuole per le ragazze etc. Oggi, a mio giudizio, bisogna avere il coraggio e l'entusiasmo per creare una scuola che non esiste: la scuola per i genitori. E non deve essere una scuola accademica, che rilasci diplomi e riconoscimenti di merito. Deve essere una scuola con finalità esclusivamente pratiche: essa deve insegnare a organizzare una coinvolgente preghiera familiare, a saper formare i caratteri nella vita quotidiana, a tenere in ordine una casa, a coltivare piante, a confezionare abiti, a usare con saggezza gli strumenti moderni, a disegnare, dipingere e scolpire, ad esercitare con sapienza ed efficacia la carità nel mondo del bisogno, a conoscere le cose più belle nella letteratura sacra e profana, a saper distinguere la musica bella e formativa da quella degenerata e distruttiva, a saper cantare e suonare, e altre cose ancora.

Ma essa deve essere anche un punto di incontro e di collaborazione tra famiglie che hanno lo stesso ideale e che spesso hanno bisogno di aiutarsi e di scambiarsi le diverse competenze acquisite, come anche hanno bisogno che i loro figli si conoscano e si frequentino, perché non crescano con l'impressione di essere diversi da tutti gli altri bambini.

Ho detto all'inizio che questa non voleva essere una conferenza, ma un appello. Ora posso spiegare meglio quale è l'appello che vorrei fare in occasione di questo incontro.

A mio giudizio la Chiesa e la società di oggi richiedono urgentemente che ci sia qualcuno che si occupi di diffondere e di facilitare il progetto di risanamento e rinnovamento delle comunità familiari a cui ho accennato, e che ho illustrato più ampiamente nel mio libro e in scritti successivi; qualcuno che abbia la forza e il coraggio di creare un gruppo operativo che si impegni nella diffusione di questo progetto tra i genitori e i giovani che intendono crearsi una famiglia e che sappia mettere a loro disposizione una struttura scolastica adeguata per la loro formazione.

Non è possibile trovare una giovane coraggiosa che, come Santa Francesca Cabrini, possa esclamare: "Questo mondo è troppo piccolo per il mio cuore!" e decida di dedicarsi anima e corpo, insieme ad altre volenterose compagne, secondo le linee che ho suggerito, nello spirito di Cristo, alla salvezza della famiglia in un mondo che minaccia di distruggerla?

Progetto della scuola: "La corona di dodici stelle"

I dodici insegnamenti che dovrebbe offrire l'auspicata "scuola della vita" a genitori, figli, nonni, fidanzati, religiosi e religiose claustrali

Prima stella. Progettazione e arredamento dell'abitazione per un rinnovato modello di vita familiare. San Benedetto, patrono degli architetti, insegna ad architettare la vita comune e perciò necessariamente i tempi e gli spazi.

Seconda stella. Abilità tecniche di mantenimento della casa e di corretto uso, costruzione e riparazione di strumenti utili, tradizionali e moderni. Igiene e pulizia dell'abitazione.

Terza stella. Abilità manuali e artistiche per la realizzazione di mobili, decorazioni, figure tridimensionali, figure bidimensionali, stoffe, abiti e ricami, produzioni artigianali varie. Ampia disponibilità di materiali, esempi e suggestioni tratte dalla storia dell'arte. Sottolineo l'importanza del vestire e come in ciò possa essere utilissimo creare da se stessi modelli che esprimano convenientemente il proprio ideale umano e cristiano.

Quarta stella. Riciclo, risparmio, cura dell'ambiente, buona amministrazione economica.

Quinta stella. Giardino, orto, fiori, piante, animali domestici.

Sesta stella. Le arti di una cucina buona, varia, sana, economica.

Settima stella. Le arti del gioco manuale divertente e istruttivo in collaborazione tra adulti e bambini.

Ottava stella. Formazione musicale adeguata: conoscenze storiche, formazione del gusto, conoscenza del repertorio classico e popolare, antico e moderno, sacro e profano, scrittura musicale, canto, danza, strumenti. Vasta disponibilità di testi e strumenti.

Nona stella. Formazione poetico-letteraria: conoscenze storiche, conoscenza del repertorio italiano e straniero, antico e moderno, sacro e profano, lettura e recitazione. Vasta disponibilità di testi.

Decima stella. Formazione alla calligrafia, alla scrittura artistica, alla miniatura.

Undicesima stella. Formazione religiosa adeguata: biblica, dottrinale, morale, filosofica, liturgica, spirituale. Preghiera comunitaria e privata. Conoscenza del repertorio testuale e musicale, antico e moderno. Come trasmettere la fede ai piccoli. Vasta disponibilità di testi.

Dodicesima stella. Formazione all'attività sociale e caritativa, familiare e personale, e all'assistenza agli infermi e agli anziani, secondo la dottrina sociale della Chiesa.

Come si capisce da questo testo, a quella data la scuola per famiglie era ancora un sogno, di cui non si vedeva la possibilità di realizzazione. Ma nel 2015 accadde un fatto nuovo: un benedettino autorevole, P. Bernard Sawicki, direttore dell'Istituto Monastico del Pontificio Ateneo di Sant'Anselmo, venuto a conoscenza del progetto, ne rimase entusiasta e consigliò di realizzare la scuola come *distant learning*, cioè come scuola *online*, e mise a nostra disposizione il tecnico informatico dell'ateneo, Bernardino Manzocchi.

Ci mettemmo subito al lavoro e l'8 dicembre 2015 la scuola *online* "La corona di dodici stelle" veniva inaugurata, anche se non era stato possibile sviluppare tutti i dodici insegnamenti previsti.

Qualche tempo dopo l'inaugurazione della scuola, il 3 aprile 2016, nell'antico refettorio dell'Abbazia di Farfa, detto "Sala Schuster", alla presenza del Padre Priore Don Eugenio Gargiulo e del Vicario del vescovo, Don Paolo Gilardi, se ne fece la presentazione ufficiale.

Trovandomi allora in Sri Lanka, inviai, per l'occasione, la seguente lettera:

Lettera per la presentazione della scuola *online*

Carissimi saluti a Lei, Rev.mo P. Priore, a S. E. Mons. Ernesto Mandara, Vescovo di Sabina-Poggio Mirteto, al caro Don Paolo Gilardi, a Bernardino, a Stella, a Lucia, a tutti i nostri collaboratori e simpatizzanti e a quanti sono presenti all'incontro per la presentazione della nostra scuola *online*: "La corona di dodici stelle".

Non potendo essere personalmente con voi, ho provato a scrivere, per l'occasione, una breve riflessione.

Nella nostra società si crede che la realizzazione di se stessi, la promozione del bene comune, lo stesso esercizio della carità siano cose che si possono realizzare esclusivamente al di fuori delle mura domestiche e della vita familiare. Chi sta in casa - si pensa - è mortificato nel suo valore di uomo o di donna e nel suo valore professionale, non partecipa al progresso civile e chiude le porte della carità verso il prossimo. Per questo tutti si proiettano fuori casa: il padre, che tradizionalmente è un professionista in carriera, la madre, che non vuole essere da meno, i figli, che i moderni mezzi di comunicazione sollecitano ad ogni momento a slanciarsi nelle attività o nei divertimenti sociali.

Ma proprio in questi giorni pasquali le letture della liturgia ci presentano un esempio tutto diverso. Gli apostoli, con Maria, le altre donne devote, i discepoli e i congiunti di Gesù, si ritirano nel cenacolo, dove - come scrive un illustre commentatore - «non potendo seguire Gesù in cielo corporalmente, si impegnano a seguirlo nel loro cuore e a spiccare il volo dietro di lui con il desiderio».

«Nel frattempo» - continua il nostro autore - «tutto il loro impegno è di divenire degni della promessa dello Spirito Paraclito. Perciò essi rimangono nella carità della nuova Gerusalemme. Mentre la vecchia Gerusalemme sta già crollando intorno a loro, la nuova Gerusalemme si sta costruendo per loro, come una città, un'immagine di quella grande città celeste che è solidamente formata. Già lo Spirito Santo è al lavoro per costruire questa città con le stesse pietre e la stessa calce, cosicché Dio stesso possa essere riconosciuto presente nelle sue case e possa essere visto nello splendore della sua gloria. Senza dubbio vi è unità di intenti in questa città, dove tutti condividono lo stesso linguaggio e hanno gli stessi sentimenti verso Dio e gli uni verso gli altri. Vi è unione nella più profonda carità e nella fraternità dei cuori, vi è pazienza nella lunga e umile attesa dello Spirito Santo».

Verrà il momento - aggiungiamo noi - in cui lo Spirito Santo discenderà sul cenacolo e allora gli apostoli usciranno nel mondo, non però per perdersi nella società esterna, ma per riversare sul mondo quello stesso Spirito che nascostamente li aveva nutriti di sé nel loro ritiro.

Questo esempio, offerto a noi dalle letture del tempo pasquale, può servire ad illustrare lo scopo della nostra iniziativa. Noi vorremmo che tutte le abitazioni delle nostre famiglie divenissero dei cenacoli, delle case della nuova Gerusalemme, in cui Dio stesso possa apparire presente a chi le frequenta, cosicché si possa esclamare, con le parole di Giacobbe «Questa è veramente la casa di Dio e la porta del cielo!».

San Benedetto ha insegnato, nella sua Regola, come si possa realizzare qui in terra una "casa di Dio". Ma perché questo insegnamento dovrebbe riguardare soltanto i monasteri e non invece anche le dimore delle nostre famiglie? Non sono esse nate ai piedi dell'altare? Non hanno ricevuto il sigillo dello Spirito Santo? E anche se, per circostanze avverse, questo è mancato, non dovremmo desiderare di rendere il più possibile presente l'amore di Dio nelle nostre case?

Per questo abbiamo sentito la vocazione a chiamare a raccolta le famiglie e ad invitarle alla scuola di San Benedetto, quella che egli stesso chiama "scuola del servizio divino", ma che potremmo anche chiamare "scuola di una vita felice vissuta insieme nella luce di Dio".

In questa scuola non si è mai diplomati, si è sempre alunni. Non si va in un edificio pubblico, si rimane in casa. Non si trascurano i lavori domestici e la vita familiare per il titolo di studio e per la carriera professionale, ma i talenti naturali e acquisiti sono messi al servizio, prima di ogni altra cosa, della comunità familiare. Non si trascurano i figli per amore del successo professionale fuori casa, ma piuttosto si rinuncia al successo professionale per amore dei figli. Non si trascurano i genitori e i nonni per il divertimento con gli amici o per gli impegni sociali o anche di carità, ma si sa gioire soprattutto della compagnia dei propri cari e si impara il lavoro sociale o di carità praticandolo prima di tutto verso i membri della propria famiglia.

Come avvenne con gli apostoli, lo Spirito Santo ci porterà certamente ad irraggiare nella società quella vita di carità che avremo praticato nelle nostre case alla scuola di San Benedetto. Ma ciò non senza aver prima trasformato le nostre abitazioni in cenacoli, in cui, come gli apostoli insieme a Maria, sappiamo preservare la presenza viva di Gesù nell'attesa dello Spirito Santo per la vita del mondo.

Purtroppo i costumi oggi universalmente diffusi portano tutti a trascurare la vita dentro casa e perciò quella vera e profonda educazione dei cuori che per San Benedetto è immensamente più importante sia dei titoli scolastici, sia di tutti i successi esteriori. Il risultato è che si lasciano penetrare nelle case quei modi di parlare, di sentire e di comportarsi, quelle letture, quegli spettacoli, quelle musiche, quei cattivi esempi con cui oggi si tenta di corrompere il cuore di giovani e adulti e di smembrare, con l'abbandono della vita cristiana, l'unità delle famiglie.

Abbiamo voluto, allora, radunare molte famiglie per cercare di realizzare insieme a loro un programma di vita quotidiana che ridesse centralità alla vita domestica e la rendesse fonte di vera realizzazione umana. Ma l'esperienza ci ha fatto comprendere quanto impegno e quante preziose competenze e capacità richiede la cura efficace di una buona vita familiare. Altro che sprecata è una laurea per chi lavora in casa! Al contrario: ce ne vorrebbero dieci - o meglio dodici! - di lauree per poter essere casalinghe - e "casalinghi"- veramente competenti!

Allora ci siamo detti che non bastano un incontro al mese in Abbazia e un campo scuola durante l'estate. Bisogna creare una scuola per le famiglie, ma una scuola diversa dalle altre, nella quale siano raccolti insieme gli insegnamenti di tutte le principali conoscenze e abilità che la trasformazione di una casa di oggi in una casa di Dio necessariamente richiede.

Ed ecco, dunque, che, dopo una preparazione lunghissima e un lavoro infinito, finalmente la nostra scuola *online* per le famiglie vede la luce!

L'abbiamo chiamata: "La corona di dodici stelle", perché, senza volerlo, ci siamo trovati ad enumerare dodici insegnamenti, tutti necessari per far rifiorire la vita delle nostre famiglie per la felicità dei loro membri e per il vero bene della società, e ci è venuto spontaneo metterli sotto l'insegna delle dodici stelle che adornano il capo di Maria.

I nostri amici collaboratori vi parleranno dei dodici insegnamenti. Qui mi limito a dire che una delle stelle è particolarmente importante, anche se nella lista appare soltanto all'undicesimo posto: la formazione religiosa e la trasmissione della fede ai piccoli.

Che si tratti di un argomento importante, nessuno potrebbe negarlo. Ma ciò che ci siamo sforzati di far risaltare è che la formazione religiosa non si può limitare all'ora settimanale di catechismo! Tutto deve concorrere alla formazione religiosa e, in particolare, il modo in cui si agisce quotidianamente nella vita familiare: il linguaggio che si usa e il tono della voce, lo spirito di servizio nei lavori faticosi e nel rispetto rigoroso degli orari, la gratitudine verso chi a sua volta ci serve, l'autoeducazione all'impegno generoso, ciò che si legge e si guarda, da soli o in famiglia, la musica che si ascolta o che si esegue o si canta, l'esperienza dell'amore che si trasmette e si condivide, la preghiera e la bellezza che dovrebbero accompagnarla con l'ausilio della poesia, dell'arte e della musica.

Quante cose da imparare e da realizzare! Tutte le dodici stelle, in realtà, concorrono a rendere viva ed efficace la formazione religiosa, perché tutte mirano a trasformare le nostre case in cenacoli e le nostre famiglie in comunioni di amore sotto lo sguardo di Maria, regina degli apostoli.

Prima di lasciare la parola al P. Priore e a chi ha avuto da lui l'incarico di illustrare dettagliatamente il nostro progetto, vorrei aggiungere un'ultima cosa: la nostra scuola è ancora in formazione e per alcune stelle ci sarebbe bisogno di altri collaboratori. Chiunque, perciò, è in grado di aiutare efficacemente è esortato a dare la sua collaborazione, sotto la direzione delle persone incaricate.

Auguro a tutti voi presenti che questa iniziativa risponda alle vostre più vere e profonde esigenze e possa diffondersi, con la benedizione di S. E. il Vescovo, nella Chiesa Sabina e in altre diocesi d'Italia e del mondo.

Grazie e saluti cari a tutti voi!

Nei mesi seguenti, pubblicai alcuni articoli sul quotidiano “La Croce”, in cui cercavo di illustrare e di sviluppare ulteriormente il nostro progetto. Ne riporto due.

Il primo è dell’11 novembre 2016.

San Benedetto e i carcerati

Il crollo della chiesa di San Benedetto a Norcia ha risvegliato una grande commozione e un rinnovato interesse per il santo patrono d'Europa. Sono state scritte molte pagine sulla missione civile, oltre che religiosa, dei monasteri benedettini e molti stanno collaborando alla ricostruzione della chiesa e del monastero di Norcia.

Questo interesse non deve, però, farci trascurare la grande crisi che, da decenni, sta attraversando l'ordine benedettino, in una società che sempre meno sa apprezzare l'operosità racchiusa tra le mura di quelle case religiose che assai impropriamente vengono comunemente definite di "vita contemplativa". Se il motto benedettino è "ora et labora", ci si può, infatti, chiedere in che modo esso si possa legittimamente coniugare con l'espressione "vita contemplativa".

Si dirà che, mentre i domenicani sono dediti alla predicazione e altri ordini religiosi all'assistenza dei bisognosi, i benedettini lavorano, sì, ma tra le mura del monastero. A questo si potrebbe rispondere: se i domenicani predicano, i benedettini "praticano" - così come tante madri di famiglia non spiccano per il fatto di andare in giro a fare opere sociali, ma mettono in pratica il Vangelo per prima cosa nelle loro famiglie. Anche questo è necessario, tanto che madre Teresa diceva alle famiglie: non tutti possiamo fare tutto; voi non potere fare quello che faccio io, e io non posso fare quello che fate voi; ma se ognuno fa la sua parte, insieme possiamo fare molto. Analogamente, chi si occupa dei bisognosi ha bisogno che alle sue spalle vi siano persone che vivano le virtù cristiane nelle loro case, altrimenti non ci sarebbe né un modello da additare a chi viene aiutato ad uscire dal suo stato di bisogno, né una riserva di ricchezze materiali, umane e spirituali da condividere con i bisognosi.

Negli infuocati anni immediatamente successivi al Concilio Vaticano II, un benedettino ormai anziano, che al tempo della sua conversione aveva fatto molto scalpore e aveva scritto bei libri spirituali, preso dalla vertigine delle novità aveva scritto questa riflessione: il buon samaritano raccoglie il malcapitato dalla strada, il levita e il sacerdote passano oltre, il monaco neanche esce dal monastero!

A questa dura provocazione si potrebbe rispondere, per prima cosa, che, invece di leggere soltanto la prima parte del decimo capitolo del Vangelo di Luca e poi aggiungere commenti ispirati alla saggezza umana, sarebbe meglio leggere il capitolo intero, nel quale, immediatamente dopo la parabola del buon samaritano, segue l'episodio di Marta e Maria - che certamente avrebbe messo in serio imbarazzo il nostro benedettino pentito.

Ma un'altra osservazione che si potrebbe fare è che, se il buon samaritano ha potuto assistere il malcapitato assalito dai briganti, ciò è stato perché aveva un asino, dell'olio, del vino e del denaro. E questo era dovuto al fatto che aveva una casa ben regolata e una moglie che, senza uscire da casa, gli aveva preparato tutto l'occorrente per il viaggio e che, inoltre, al suo ritorno, anziché riempirlo di improperi per aver perso tempo e dissipato le sostanze della famiglia, si sarebbe commossa al racconto della triste sorte del pover'uomo male incappato e avrebbe fatto economia per rifornire il marito di altri beni da consegnargli nel suo prossimo viaggio.

Ciò non toglie che la provocazione del nostro benedettino ipercritico possa servire almeno come stimolo ad approfondire il rapporto tra vita monastica e carità verso il prossimo. La recente catechesi del papa sulle opere di misericordia corporale, e in particolare sulla visita ai carcerati, mi ha suggerito di parlare di una vicenda un po' personale - e me ne scuso perché non è una cosa che faccio volentieri.

Non c'è dubbio che il progetto di estendere l'osservanza della Regola benedettina alle famiglie sia stato in qualche modo inconsciamente sollecitato, in parte, dal desiderio di un chiarimento con l'autore di quella singolare lettura della parabola del buon samaritano. Ma succede che, purtroppo, le buone idee si trasformano poi in duro lavoro, e che perciò non tutti hanno voglia di realizzarle. E così il progetto, per quanto apprezzato, nella pratica stenta molto ad avviarsi.

Cosa fare? Intanto, quello che non si vede nella realtà si può provare a realizzarlo nella fantasia! È successo che in questi ultimi anni, per circostanze varie, ho avuto l'ispirazione di scrivere una serie di romanzi per ragazzi. Mi è venuto, perciò, spontaneo inserire negli avvenimenti narrati anche la creazione di un gruppo di ragazze che, in amicizia e collaborazione con un monastero di benedettine, si dedicano a realizzare il progetto di estendere l'osservanza degli insegnamenti di San Benedetto nella vita familiare e sociale.

Per molte cose, infatti, un monastero non può irradiare la sua ricchezza spirituale e umana se non per mezzo di un gruppo di persone amiche, e perciò il mio desiderio sarebbe stato che si formasse, appunto, una sorta di giovani "nuove oblate benedettine", intenzionate a diffondere ovunque le norme di vita saggia e santa che scaturiscono dalla Regola e dalla tradizione monastica.

Ma, aimé, in molti anni non sono riuscito a trovare la ragazza disposta a fare da portabandiera - la nuova Francesca Cabrini che esclami: "Questo mondo è troppo piccolo per il mio cuore!", e poi parta in quarta!

Ehi, ragazze! Siamo proprio a terra! E poi parlano delle "quote rosa"! Ad ogni modo, siamo a questo punto. E dunque, non trovandola, me la sono immaginata.

Ovviamente nei romanzi - non vi preoccupate: sono brevi! - non si parla solo di questo. Ti immagini che noia?! Ma è un aspetto che ha un suo ruolo importante. E ora posso spiegare che cosa c'entra la cetechesi del papa sui carcerati.

Tutto è nato dal suggerimento datomi da una persona amica che mi disse: ma non si potrebbe applicare questo progetto alle carceri? Il suggerimento mi ha colpito, e così ho messo in movimento le mie oblate immaginarie, le quali, sotto la guida dall'abbadessa immaginaria del monastero immaginario di Acquafredda, e insieme ad altri amici immaginari delle monache, si dedicano ad insegnare ai carcerati ad applicare, nelle loro celle, la Regola di San Benedetto.

Ora l'editore Marco Solfanelli vuole pubblicare tutta la la serie dei miei romanzi - sono trenta, più uno fuori serie! Ma chissà quanto tempo passerà prima che le immaginarie prodezze delle mie oblate immaginarie possano fare la loro apparizione in pubblico! E così ho pensato, sollecitato dalla catechesi papale, di anticipare qui almeno la parte dell'immaginario statuto delle immaginarie oblate relativo ai carcerati e una pagina sulla sua immaginaria realizzazione.

Chissà che la nuova Francesca Cabrini finalmente non esca fuori dal suo nascondiglio!

Dal romanzo *Un sogno infranto*:

«Vi è anche un altro ambiente che potrebbe imparare molto dall'insegnamento benedettino sulla vita comune, e perciò dalla nuova "scuola del servizio divino": l'ambiente triste delle carceri. I carcerati, infatti, sono costretti a vivere "in clausura" una "vita comune", dalla quale aspirano disperatamente a fuggire il prima possibile. La benedettina "scuola del servizio divino", che vuole richiamare la famiglia moderna a valorizzare e a bene organizzare la vita che si svolge tra le mura domestiche, potrà anche insegnare ai carcerati a valorizzare e a bene organizzare l'ambiente di "clausura" in cui essi vivono e il tempo che vi trascorrono. Sarà perciò impegno particolare delle oblate far penetrare, direttamente o indirettamente, la luce di questa scuola nel tetro ambiente delle prigioni».

Dal romanzo *Il grande consesso*:

«"Oh, Madre!" rispose Linda timidamente. "Le devo raccontare quello che è successo da quando ci siamo lasciate. Suor Scolastica mi ha messo in contatto con i vostri collaboratori, Marcello, Chiara, Carmela e Giovanni. Con loro sono andata più volte a Rebibbia, dove stanno facendo un lavoro splendido! Con il permesso della direzione della prigione, hanno proposto a un gruppo di carcerati di riorganizzare la loro vita all'interno del carcere. Pensi che vi erano dei carcerati così grassi e sformati che facevano spavento! Avevano perso ogni interesse nella vita, e per questo l'unica loro soddisfazione era il mangiare! Ma mi hanno detto che alcuni di questi, dopo che hanno accettato di seguire il progetto benedettino, a poco a poco sono cambiati, e si sono anche fisicamente ridimensionati! Si sono messi a studiare il modo di ammobiliare e decorare le loro celle secondo i modelli forniti loro dai vostri amici. Anch'io, da quando vado, sto collaborando! Insieme abbiamo cercato libri e illustrazioni sull'architettura degli ambienti, i mobili, i quadri! Poi abbiamo anche fornito loro testi di istruzione sulla pittura e l'intaglio del legno. Già qualcuno ha imparato a fare qualche cosa di bello. Uno di loro, un certo Guido, dopo aver studiato e fatto esercizio, ha fatto delle bellissime mensole da mettere al muro per appoggiare libri o altri oggetti. Sono piaciute tanto che anche altri carcerati glie ne hanno chieste per loro! Ora stiamo cercando di insegnare loro a cantare, sia per poter fare una bella preghiera insieme, sia per momenti di ricreazione. E ho trovato molti bei testi da leggere. Vogliamo che imparino, la sera, a riunirsi per leggere insieme! E già lo stanno facendo!"».

L'altro articolo è del 6 ottobre 2017.

Un appello filiale a Mons. Zuppi

L'ispirato commento dell'arcivescovo di Bologna, Mons. Matteo Maria Zuppi, sulla mensa dei poveri nella basilica bolognese di San Petronio, organizzata in occasione della recente visita del papa nella città felsinea, è molto bello e merita una riflessione.

Come sottolinea Mons. Zuppi, l'iniziativa si inquadra nel «sogno ad occhi aperti» di rendere la città non «una piazza anonima di tante solitudini ma un luogo largo, accogliente, di incontro, non di scontro, di crescita e di amore per il valore che è ogni uomo, di parole e cultura, non di strilli o "urla dirette allo stomaco"». Per questo i poveri «cui il Papa ha donato uno ad uno il pane di un gesto di riguardo e di attenzione (...) smettevano (...) di essere un numero e diventavano, nei loro grandi sorrisi, una persona».

Questa osservazione richiama il senso dato esplicitamente dal quarto Vengelo al racconto della moltiplicazione dei pani: il pane donato non si arresta ad un puro dono materiale, ma intende risvegliare in ogni uomo la sua più alta dignità. A quanti volevano farlo re soltanto perché erano stati saziati, Gesù risponde:

«In verità, in verità vi dico, voi mi cercate non perché avete visto dei segni, ma perché avete mangiato di quei pani e vi siete saziati. Procuratevi non il cibo che perisce, ma quello che dura per la vita eterna, e che il Figlio dell'uomo vi darà» (Gv 6, 26-27).

E questo cibo misterioso promesso dal Figlio dell'uomo non è soltanto l'eucarestia, ma ciò che l'eucarestia significa e causa nella vita dell'uomo: di non essere, appunto, più un numero anonimo, ma una persona, oggetto «di riguardo e di attenzione» da parte del Padre celeste.

Sono certo che la maggior parte - e spero tutti - di quanti sono stati oggetto della carità del papa, dell'arcivescovo e dei loro collaboratori sono tornati a casa interiormente trasformati e arricchiti e che ciò li ha portati ad affrontare la vita, con tutte le sue difficoltà, in modo nuovo. Non ci sarà stato qualcuno che si è riconciliato con la moglie o con il conoscente con cui aveva rotto ogni rapporto? O chi ha rinunciato al poco che aveva a favore di qualcuno più bisognoso di lui?

Sappiamo che molto spesso i disagi materiali sono causati dalla cattiva condotta, dall'ignoranza o dalle disposizioni d'animo negative delle persone. Non è vero, ad esempio, che una delle più diffuese cause di povertà sono le separazioni e i divorzi? E quante di queste tragedie si potrebbero evitare se gli animi fossero arricchiti e irradiati dal nutrimento di Cristo, che ci illumina e ci trasforma? Possiamo, perciò, dubitare che tanti tra i poveri nutriti dalla carità del papa, oltre al cibo materiale di un giorno, hanno trovato anche la forza nuova di trasformare la propia vita e di renderla fruttuosa per sé e per gli altri?

Ciò mi ricorda le critiche che facevano tanti anni fa i miei amici socialisti alla Chiesa: con la sua elemosina la Chiesa non fa che tamponare i sintomi dei mali, ma, al contrario del socialismo, non ne sana le cause, e così facendo contribuisce soltanto a perpetuare le situazioni di disagio e di povertà.

Scoprii più tardi che questa critica non era nuova e che già nel Settecento un illustre personalità della Chiesa, il Cardinale Gerdil - che tra l'altro aveva studiato a Bologna ed era stato discepolo del celebre Cardinale Lambertini, il futuro Benedetto XIV - aveva ad essa risposto esaurientemente. Nel Settecento! Infatti nei miei studi ho scoperto che la dottrina sociale della Chiesa non è sorta d'incanto dall'encilcica "Rerum Novarum" di Leone XIII nel 1891, come contraccolpo tardivo delle moderne lotte sociali, ma già si stava formando nei secoli dell'età medievale e moderna, e una sua voce autorevole era stata proprio quella del Cardinale Giacinto Sigismondo Gerdil (1718-1802). Egli, dunque, rispondeva alle critiche contro l'elemosina cristiana che, fin dai tempi apostolici, essa non consisteva essenzialmente in una pura assistenza - anche se questo aspetto ovviamente non mancava - ma provvedeva ad entrare nelle situazioni delle persone bisognose per risolvere i loro problemi personali e familiari e per animarle e sostenerle affinché potessero riscattarsi e reinserirsi nella vita sociale con le proprie forze e la propria dignità.

Contro, dunque, un certo socialismo verticista, la Chiesa ha sempre fatto appello alle forze spirituali delle persone, perché collaborassero, con un cambiamento profondo di vita, al proprio e all'altrui riscatto.

Nello stesso tempo, contro la tentazione denunciata con eloquenza da Mons. Zuppi «di essere vecchi e nuovi profeti di sventura che giudicano in astratto, che vedono i problemi dove non ci sono, i nemici e non il nemico e lo facciamo sempre convinti di noi stessi tanto da credere di non avere obblighi verso la comunione», di essere, insomma, come il fratello maggiore del figliol prodigo, la parabola evangelica ci invita ad «affrontare le inevitabili difficoltà, i cambiamenti delle nostre strutture non ritirandosi ma uscendo incontro, costruendo sulle macerie della crisi di tante disillusioni».

Vi sono aspetti della "perla" delle parabile evangeliche che vengono troppo spesso trascurati. La grande casa del padre di famiglia, in cui tanti salariati «hanno pane in abbondanza» (Lc 15, 17), non costituisce un vero modello per le famiglie cristiane? Il lavoro nella virtù, nella sobrietà, nella giustizia e nella pace crea quel sano benessere che dal focolare domestico del padre di famiglia si diffonde su tutti gli ospiti della grande casa. E, contrariamente a quanto vorrebbe la giustizia meschina del fratello maggiore, si diffonde anche verso chi, per non aver seguito le sante vie del lavoro, della sobrietà e dell'amore filiale e fraterno, ha dissipato se stesso ed è così caduto nell'assoluta povertà. "Ben gli sta!" esclama la miope saggezza umana. Ma il Padre pensa diversamente e insegna anche a noi a pensare diversamente.

"A quest'ultimo" è il tiolo un po' enigmatico di un'opera di John Ruskin (1819-1900), pubblicata nel 1860, che ebbe l'onore di essere una delle principali fonti ispirative del Mahatma Gandhi. Sono parole prese dalla parabola evangelica degli operai chiamati a lavorare nella vigna del padrone a diverse ore del giorno. Quando, alla fine, della giornata i primi protestano perché agli ultimi viene dato lo stesso compenso che a loro, il padrone risponde: «Io voglio dare anche A QUEST'ULTIMO quanto a te» (Mt 20, 14).

È lo stesso dramma del fratello maggiore del figliol prodigo: la sua giustizia è meschina e non comprende il calore della giustizia divina che, dalla dimora del padre di famiglia, si estende di là da ogni confine, fino anche «a quest'ultimo».

La vera ricchezza, agli occhi di Dio, non si misura con il metro del guadagno finanziario e la vera giustizia non è di chi crede «di non avere obblighi verso la comunione», meno che mai verso i prodighi, che hanno dilapidato se stessi insieme ai propri averi.

Sembra che l'espressione "salvezza delle anime" sia oggi diventata fuori moda - anche se essa è perfettamente biblica! (cf 1Pt 1, 9). In ogni caso, la salvezza delle anime non è qualcosa che riguardi soltanto la vita eterna, ma significa il risveglio e la rinascita ad una vita nuova già nella vita presente.

In questo senso Ruskin si chiedeva se «tra le manifatture nazionali quella di anime di buona qualità non potrebbe, in ultima analisi, risultare una produzione redditizia di prim'ordine», e auspicava il giorno in cui «l'Inghilterra potesse rispedire tutte le sollecitudini di gelosa ricchezza alle nazioni barbariche tra cui esse ebbero origine», mentre essa, «come una madre cristiana, potesse infine acquisire le virtù e i tesori di una celebre madre pagana e essere pronta, come lei, a presentare i suoi figli esclamando: "Questi sono i miei gioielli!"».

Certamente il papa e l'arcivescovo hanno esclamato in cuor loro, di fronte agli sguardi luminosi dei poveri radunati in San Petronio: "Questi sono i miei gioielli"!

Ma non è necessario accogliere il senso della parabola evangelica nella sua pienezza? Se «San Petronio ha pensato Bologna come Gerusalemme», ciò è perché egli era come il padre di famiglia del figliol prodigo. La sua chiesa era una casa in cui regnavano pace, lavoro, ordine, sobrietà e decoro. Per questo essa poteva effondere le sue ricchezze su tutta la città.

Se il fratello maggiore errava pensando che le ricchezze della sua casa fossero riservate soltanto a chi "le meritava", non errava, però, il padre a custodire la sua grande casa nella pace e nella virtù. E il figlio prodigo si era rovinato proprio per essersi allontanato dalla fonte di ogni santo benessere.

E qui oso rivolgermi direttamente a Mons. Zuppi.

Prima di partire per la diocesi di Bologna, sua Eccellenza ebbe la bontà di ricevermi. E quale fu l'argomento del nostro incontro? Gli parlai del nostro progetto benedettino e dell'aspirazione a diffondere gli insegnamenti della Regola di San Benedetto, prudentemente adattati, alle famiglie moderne. Non era il nostro desiderio proprio quello di rendere ogni famiglia cristiana un'immagine della casa paterna della parabola del figliol prodigo? Non si voleva riaccendere il fuoco sacro delle virtù domestiche e della cultura familiare, in un'età che le ha smarrite, non a beneficio soltanto dei "figli maggiori", ma anche a beneficio di tanti figli prodighi che vagano senza dimora per le nostre città? Non si voleva cercare la "salvezza delle anime" - cioè sia la prevenzione dalla rovina di quanti sono nella casa del padre, sia il recupero di quanti se ne sono allontanati o non vi sono mai stati?

Ma poi cosa è successo? Sua Eccellenza è partita per la sua nuova diocesi, io sono partito per lo Sri Lanka e i contatti si sono interrotti.

Questo sarebbe, veramente, il mio «sogno ad occhi aperti»: che proprio la diocesi di Bologna si facesse promotrice in Italia della diffusione, nelle famiglie, dell'osservanza della Regola di San Benedetto, opportunamente adattata, perché il modello divino della casa paterna, con i suoi tanti salariati che hanno pane in abbondanza, i suoi canti e le sue danze per i tanti figli prodighi ritrovati e ritornati alla vita, si diffonda in ogni luogo.

Eccellenza, possiamo sperare che questo sogno possa essere «portato alla luce del sole»?

Ma nel frattempo si erano aperti nuovi orizzonti, grazie soprattutto all'esperienza della fondazione in Sri Lanka. Infatti, parlando con i sacerdoti della diocesi in cui sorge la nostra fondazione, mi sono reso conto che la regola di San Benedetto non è utile soltanto per le famiglie, ma anche per il clero diocesano, sia perché facilmente, una volta usciti dal seminario, i sacerdoti rischiano di perdere una sana regola di vita quotidiana, sia perché spetta per primi a loro di insegnare alla famiglie ad adottare una regola di vita, e non possono farlo se non ne danno per primi l'esempio.

Da questa riflessione è nata l'esigenza di parlare apertamente ai sacerdoti di questo problema.

L'occasione mi è stata offerta il 10 luglio 2017, vigilia della festa estiva di San Benedetto, quando il vescovo di Kurunegala, in Sri Lanka, mi ha invitato a fare una meditazione al clero della diocesi. Cercai allora di mettere a fuoco i concetti principali che intendevo esprimere e, dopo aver parlato a braccio, con l'aiuto di qualche appunto, scrissi in italiano il testo della conferenza, così come lo ricordavo.

Lo riporto qui di seguito.

Meditazione tenuta al clero della Diocesi di Kurunegala (Sri Lanka) lunedì 10 luglio 2017 nella cappella della Casa del Vescovo

1. Il cibo divino che nutre gli uomini

Nel Vangelo di oggi - Mt 9, 18-26 - Gesù appare come colui che porta agli uomini i suoi doni di vita: egli guarisce dall'infermità e risuscita dalla morte.

Questo ci invita ad approfondire il mistero della ricchezza di vita di cui il Signore fa dono agli uomini.

Vorrei ora riferire un episodio dei Padri del Deserto, che può aiutarci a capire come dobbiamo avvicinarci alla Sacra Scrittura per meglio comprendere i suoi insegnamenti e il valore dei doni di Dio.

Un giorno un giovane asceta andò da un padre anziano e gli chiese di spiegargli un punto difficile della Sacra Scrittura. L'anziano gli disse: "Ora ritirati e ritorna da me tra qualche giorno. Ho bisogno di pregare, di digiunare e di invocare lo Spirito Santo per comprendere il senso della parola di Dio".

Questo episodio ci fa capire che spesso il senso immediato dell'uno o dell'altro luogo della Bibbia non ce ne svela tutta la profondità e, se ci fermiamo ad esso, rischiamo di accontentarci di una lettura superficiale.

Vorrei, dunque, portare l'esempio di un testo molto conosciuto del Vangelo, che, però, facilmente si presta ad una lettura superficiale, e perciò inadeguata.

«Ho avuto fame e mi avete dato da mangiare» (Mt 25, 35).

Il senso immediato è ovvio: un invito a dar da mangiare agli affamati, perché in essi è presente Cristo stesso. Ma nel medesimo Vangelo di Matteo troviamo qualcosa che ci invita a non fermarci alla superficie:

«Non di solo pane vivrà l'uomo» leggiamo nell'episodio delle tentazioni di Cristo nel deserto, «ma di ogni parola che esce dalla bocca di Dio» (Mt 4, 4).

Dunque è lo stesso Vangelo di Matteo a ricordarci che il nutrimento corporale non è tutto ciò di cui l'uomo ha bisogno per saziarsi. Nel vangelo di Giovanni, poi, troviamo queste parole:

«Procuratevi non il cibo che perisce, ma quello che dura per la vita eterna, e che il Figlio dell'uomo vi darà» Gv 6, 27).

Come sappiamo, queste parole furono dette dopo la moltiplicazione dei pani, quando le folle volevano fare Cristo re: Gesù si nascose e, quando finalmente lo ebbero trovato, li rimproverò perché essi cercavano soltanto il pane materiale, mentre egli portava loro un dono infinitamente più grande.

Quale sarà, dunque, questo cibo che non perisce, ma dura per la vita eterna? Penso che un altro testo, in cui ancora ricorre l'immagine del cibo, potrà aiutarci a comprenderlo meglio.

Si legge, sempre nel Vangelo di Matteo:

«Qual è dunque il servo fidato e prudente che il padrone ha preposto ai suoi domestici con l'incarico di dar loro il cibo al tempo dovuto?» (Mt 24, 45).

Quanti sostengono che non fosse intenzione di Cristo stabilire una gerarchia di pastori al governo del suo popolo, vengono smentiti da questo testo. Non c'è dubbio, infatti, che i servi fidati che il padrone ha preposto agli altri suoi servi per dar loro il cibo al tempo dovuto siano i suoi apostoli e sacerdoti. Ma, dunque, cos'è questo "cibo" così prezioso, in cui è contenuta tutta la ricchezza dei doni di Cristo agli uomini?

2. Il terzo tesoro

Penso che possiamo affermare che la Chiesa ha, nelle sue mani, tre principali tesori da distribuire agli uomini a nome di Cristo. E vorrei aggiungere che, mentre i primi due sono stati dati sempre in abbondanza, il terzo, invece, finora non è stato sufficientemente valutato, mentre proprio i nostri tempi esigono che esso venga riscoperto in tutto il suo incomparabile valore e distribuito con la più grande abbondanza.

Il primo tesoro è **l'Eucarestia**, che è la presenza di Cristo stesso tra gli uomini.

Il secondo tesoro è **la Parola di Dio**, con la quale diveniamo partecipi della stessa eterna sapienza divina.

Il terzo tesoro è **la Regola di Vita**.

Cos'è, dunque, questa Regola di Vita, così preziosa da prendere posto insieme all'Eucarestia e alla Parola di Dio tra i tesori più grandi della Chiesa? La Regola di Vita è ciò che permette di trasferire la presenza viva di Cristo e la sapienza divina nella nostra vita di tutti i giorni.

Essa non si identifica con i comandamenti e i precetti divini. Questi sono principi generali della condotta umana, mentre la Regola di Vita entra in modo molto più dettagliato nella nostra vita quotidiana.

Già nella Sacra Scrittura troviamo gli elementi fondamentali della Regola di Vita, specialmente negli Atti degli Apostoli e nelle lettere di San Paolo.

Leggiamo qualche testo:

«La moltitudine di coloro che eran venuti alla fede aveva un cuore solo e un'anima sola» (At 4, 32).

Queste brevi parole ci mostrano un tratto fondamentale, che dobbiamo sempre tenere presente, della Regola di Vita: essa non si rivolge, almeno direttamente, ai singoli, ma intende regolare la vita comune delle persone che vivono insieme.

Questo è un punto essenziale, perché nessuno, o quasi, vive da solo, e se le persone che vivono insieme non hanno comportamenti, accettati dal gruppo come normali, che siano conformi ad una sana regola di vita, il singolo non potrà condurre una vita buona senza essere ad ogni momento ostacolato.

Se leggiamo i testi del Nuovo Testamento in cui viene delineata la Regola di Vita, vediamo che questo aspetto di condivisione viene sempre ribadito.

Un altro esempio preso dagli Atti degli Apostoli:

«Erano assidui nell'ascoltare l'insegnamento degli apostoli e nell'unione fraterna, nella frazione del pane e nelle preghiere (...) Tutti coloro che erano diventati credenti stavano insieme e tenevano ogni cosa in comune (...) Ogni giorno tutti insieme frequentavano il tempio e spezzavano il pane a casa prendendo i pasti con letizia e semplicità di cuore, lodando Dio e godendo la simpatia di tutto il popolo » (At 2, 42.44.46-47).

Ascolto della Parola, celebrazione dell'eucarestia, unione fraterna, preghiera e lode di Dio: tutte cose vissute insieme nella vita di tutti i giorni.

Anche San Paolo delinea un ideale di vita che non avrebbe senso se fosse rivolto ad un singolo.

«Rivestitevi dunque» egli scrive, «come amati di Dio, santi e diletti, di sentimenti di misericordia, di bontà, di umiltà, di mansuetudine, di pazienza; sopportandovi a vicenda e perdonandovi scambievolmente, se qualcuno abbia di che lamentarsi nei riguardi degli altri. Come il Signore vi ha perdonato, così fate anche voi. Al di sopra di tutto poi vi sia la carità, che è il vincolo di perfezione. E la pace di Cristo regni nei vostri cuori, perché ad essa siete stati chiamati in un solo corpo. E siate riconoscenti! La parola di Cristo dimori tra voi abbondantemente; ammaestratevi e ammonitevi con ogni sapienza, cantando a Dio di cuore e con gratitudine salmi, inni e cantici spirituali. E tutto quello che fate in parole ed opere, tutto si compia nel nome del Signore Gesù, rendendo per mezzo di lui grazie a Dio Padre. Voi, mogli, state sottomesse ai mariti, come si conviene nel Signore. Voi, mariti, amate le vostre mogli e non inaspritevi con esse. Voi, figli, obbedite ai genitori in tutto; ciò è gradito al Signore. Voi, padri, non esasperate i vostri figli, perché non si scoraggino. Voi, servi, siate docili in tutto con i vostri padroni terreni; non servendo solo quando vi vedono, come si fa per piacere agli uomini, ma con cuore semplice e nel timore del Signore. Qualunque cosa facciate, fatela di cuore come per il Signore e non per gli uomini, sapendo che come ricompensa riceverete dal Signore l'eredità. Servite a Cristo Signore» (Col 3, 12-24).

È chiaro che le virtù descritte qui dall'apostolo - amore, sopportazione, perdono, gratitudine vicendevoli, esortazione reciproca, preghiera e lode di Dio fatta in comune - presuppongono una regola di vita condivisa da tutta la comunità.

Ma notiamo, ancora, che, subito dopo aver delineato i caratteri della comunità cristiana, San Paolo parla di mogli, mariti, padri, figli, genitori, servi: cioè della famiglia. Certamente la lettera dell'apostolo era diretta a tutta la comunità di Colossi, ma vi è in essa un particolare riferimento alla comunità familiare. Ciò è perfettamente comprensibile, se pensiamo che, per quanto i cristiani si riunissero di frequente, le comunità in cui si svolgeva regolarmente la loro vita quotidiana erano le loro famiglie. Ciò significa che la Regola di Vita è eminentemente, anche se non esclusivamente, una regola per la vita familiare.

3. La vita delle famiglie di oggi e la responsabilità dei sacerdoti

A questo punto dobbiamo chiederci: le nostre famiglie, oggi, anche quelle che frequentano la chiesa, seguono questa Regola di Vita? Penso che dobbiamo confessare che, nella maggioranza dei casi, non la seguono.

Facciamo un esempio molto eloquente.

«Quanto alla fornicazione e a ogni specie di impurità o cupidigia» scrive San Paolo nella lettera agli Efesini, «neppure se ne parli tra voi, come si addice a santi; lo stesso si dica per le volgarità, insulsaggini, trivialità: cose tutte sconvenienti» (Ef 5, 3-4).

Anche questo capitolo della lettera agli Efesini contiene elementi preziosi per delineare la Regola di Vita cristiana e anche in esso da una prima esortazione generica si passa poi a parlare esplicitamente della vita familiare. Ora, non possiamo certamente negare che è ormai diventato costume generale delle famiglie, anche praticanti, tenere la televisione accesa anche in presenza di spettacoli insulsi, volgari o immorali, lasciare in mano anche ai più piccoli strumenti elettronici che permettono il facile accesso ai contenuti osceni, permettere che circolino per casa ogni genere di riviste e pubblicazioni piene di immagini, pubblicità o suggestioni indecenti, usare con disinvoltura un linguaggio volgare, pieno di espressioni di origine sessuale, aggressivo e insofferente. È questa la Regola di Vita delineata dall'Apostolo?

Ma se questa Regola non trova riscontro nella vita delle nostre famiglie, a chi tocccherebbe insegnarla loro, se non ai sacerdoti? Non dobbiamo ripetere invano tutti i giorni alle lodi mattutine queste parole del cantico do Zaccaria:

> *«Così egli ha concesso misericordia ai nostri padri*
> *e si è ricordato della sua santa alleanza,*
> *del giuramento fatto ad Abramo, nostro padre,*
> *di concederci, liberati dalle mani dei nemici,*
> *di servirlo senza timore, in santità e giustizia*
> *al suo cospetto, per tutti i nostri giorni» (Lc 1, 72-75).*

L'espressione «per tutti i nostri giorni» suggerisce una Regola di Vita che dia una forma nuova alla nostra vita quotidiana. E questa «forma nuova» è un dono di Dio che noi dobbiamo trasmettere alle famiglie dei nostri fedeli - e questo tanto più ai nostri giorni, in cui si va diffondendo, anche tra i credenti, una forma di vita che si allontana sempre più dal modello insegnato dagli apostoli.

4. La scuola del mondo e l'esperienza di San Benedetto

Ma ora vorrei fare una digressione e parlare della scuola. Perché della scuola? Perché è la scuola che dovrebbe preparare i nostri bambini e i nostri giovani alla vita. Essa, infatti, assorbe la maggior parte del tempo e delle energie dei nostri figli dai sei ai diciott'anni e oltre - cioè gli anni preziosissimi e determinanti in cui essi si preparano ad affrontare la vita.

Cosa dire della scuola? I suoi insegnamenti preparano veramente i giovani alla vita? Teniamo presente che la maggior parte di essi si indirizzano al matrimonio e a formare una famiglia. La scuola li prepara per questo compito? Possiamo, con tutta sicurezza, rispondere: no!

Non credo che si possa negare che le "pietre angolari", cioè le fondamenta, su cui si può costruire una vita familiare sana, sono le virtù della castità e dell'umile servizio reciproco. Ora è certo che queste virtù non solo non si insegnano a scuola, ma facilmente si insegna il loro contrario!

Lasciamo, ora, da parte certi progetti recenti di "educazione sessuale", che sono tutto, tranne educazione. Già cent'anni fa il grande educatore cristiano Friedrich Wilhelm Förster osservava che i nostri centri di studi superiori, come le nostre università, sono nello stesso tempo i templi del più alto sapere e i maggiori centri di corruzione sessuale della gioventù. Come si spiega questo paradosso, se non con il fatto che la scuola non si propone di insegnare realmente a vivere, ma soltanto ad arricchire la mente di nozioni utili per qualche attività professionale?

E qui dobbiamo parlare di San Benedetto, di cui domani si celebre la festa. Anche se egli visse circa millecinquecento anni fa, la sua esperienza mantiene tutto il suo valore.

Giovane di una buona famiglia provinciale cristiana, egli va a Roma per affrontare i suoi studi superiori - un po' come tanti giovani, che vivono nelle nostre province o campagne, ad una certa età vanno a studiare all'università di Colombo. E ciò che trovano nella capitale non è sostanzialmente diverso da ciò che trovò San Benedetto a Roma: gli studenti, quale che fosse il loro profitto scolastico, vivevano una vita depravata e approfittavano degli anni trascorsi a Roma per abbandonarsi agli eccessi del sesso e dell'alcool.

Dunque - pensò il giovane Benedetto - l'insegnamento di questa scuola non serve a niente! Esso non insegna ai giovani a vivere bene, ma li lascia andare per la strada che conduce all'inferno! Di qui la decisione immediata del giovane: egli fuggì da Roma «sapientemente indotto», come scrive il suo biografo San Gregorio Magno. Egli, cioè, non apprese le scienze insegnate dalla scuola del mondo, ma mostrò di aver appreso una scienza molto superiore: quella saggezza divina che sola può guidare l'uomo ad una vita buona che conduce alla vita eterna.

San Benedetto si ritira in solitudine tra i monti per molto tempo, in cerca della luce di Dio. Quando finalmente il Signore lo conduce fuori della solitudine, egli raccoglie alcuni giovani e organizza, con loro, delle comunità monastiche. Infine, dopo una lunga esperienza, scrive la sua famosa Regola.

La Regola di San Benedetto è uno dei tesori più preziosi che la Chiesa possiede: essa esprime in modo mirabile la Regola della Vita, sviluppando e precisando la tradizione lasciata dagli apostoli.

Ma c'è una cosa importante da notare: la Regola di San Benedetto è, nello stesso tempo, una Regola di Vita e una Scuola. Infatti, il Santo scrive che egli intende istituire una «scuola del servizio divino». Non, dunque, una scuola di scienze, ma una scuola in cui si insegna a vivere nella luce di Dio.

5. Le "pietre angolari" della Regola di Vita

E qui devo fare un accenno ad un'esperienza personale.

Nei primi anni della mia vita monastica, non sapevo apprezzare convenientemente la Regola di San Benedetto. Avevo letto, con grande entusiasmo, le elevazioni spirituali contenute nelle pagine di tanti santi, come ad esempio nelle "Confessioni" di Sant'Agostino, e al loro confronto la Regola di San Benedetto mi sembrava molto povera. Di che cosa parlava? Dell'ora della levata mattutina, del rispetto degli orari e dei tempi di silenzio, della precisa disposizione dei testi della preghiera liturgica, di come si parla, si lavora, ci si veste, si magia, si dorme... Tutte cose molto prosaiche! Ma più tardi capii che, invece, aveva ragione San Benedetto!

Apprezzo moltissimo sant'Agostino e le sue elevazioni spirituali, ma in realtà la nostra vita di tutti i giorni è fatta proprio di ciò di cui parla San Benedetto, e, se vogliamo conferire ad essa una forma nuova, che la trasformi nella presenza viva di Cristo in noi, dobbiamo scendere a regolare tutti i dettagli della nostra giornata. Questo fa il Santo, e, conforme all'insegnamento degli apostoli, non scrive per un singolo, bensì per una comunità di fratelli che vivono insieme.

Tutti conosciamo il motto benedettino: «Ora et labora», che indicano le principali attività in cui si divide la giornata benedettina. Ora vorrei darne una traduzione che apparirà un po' singolare. Vorrei tradurre "ora", cioè l'esortazione alla preghiera, con "castità", e "labora" con "umile servizio reciproco". Abbiamo visto, infatti, che questi sono i due fondamenti della vita familiare - e sono anche ciò che la scuola del mondo non si preoccupa di insegnare - e ora vedremo come, di fatto, essi corrispondono ai tratti essenziali della Regola e della Scuola di San Benedetto e degli apostoli.

La castità, infatti, non è che l'aspetto negativo di un mistero eminentemente positivo: il fatto meraviglioso che la vera bellezza, la vera poesia, la vera gioia, la vera felicità non vengono dalla carne, ma dal cielo! È la preghiera, e in particolare la lode di Dio, che San Benedetto, al seguito degli apostoli, fa risuonare, nei momenti più importanti della giornata, sulle nostre labbra, a risvegliare nel nostro cuore questo mistero di divina felicità, il quale contiene il segreto e il vero senso di quella virtù della castità che è a fondamento della vita familiare.

E interpretare "labora" con "l'umile servizio reciproco", richiama la necessità di esercitare le virtù raccomandate dall'apostolo nella vita familiare di tutti i giorni. Il lavoro, cioè, non è principalmente la professione esercitata fuori casa, ma prima di ogni altra cosa l'umile servizio che dobbiamo scambiarci vicendevolmente con i fratelli che vivono con noi sotto lo stesso tetto.

Vi è anche un profondo legame tra l'"ora" e il "labora", tra la "castità" e l'"umile servizio reciproco". Infatti la luce che dal cielo si diffonde nel nostro cuore attraverso la lode di Dio ci dà lo slancio per compiere con gioia anche i lavori più ingrati.

6. La scuola di San Benedetto non è soltanto per i monaci

Abbiamo detto che queste due "pietre angolari" - la castità e l'umile servizio reciproco - sono le fondamenta della vita familiare. Ma San Benedetto non scrisse soltanto per i monaci, e dunque non per le famiglie?

Certamente San Benedetto scrisse per i monaci. Ma teniamo presente che egli rifiutò come assolutamente inadeguata la scuola del mondo per creare una scuola alternativa. Ora, se una scuola si pone come alternativa a quella scuola che pretende di formare i giovani alla vita, ma in realtà li distoglie all'impegno più importante, cioè quello di prepararsi degnamente ad una vita buona, certamente questa scuola alternativa non interesserà soltanto una cerchia ristretta di persone, ma tutta la società!

Spesso le famiglie, qui nello Sri Lanka, mettono i soldi da parte per inviare i loro figli a studiare ingegneria, elettronica, economia o medicina in America, in Europa, in Giappone, in Australia. Ma da quella scuola essi non imparano affatto le virtù necessarie alla vita, e troppo spesso ritornano in patria dopo aver perduto quella fede, quella castità, quell'umiltà che le nostre buone famiglie avevano insegnato loro. Non sarebbe, dunque, conveniente per loro, anziché la falsa scuola del mondo, la scuola alternativa di San Benedetto?

Ma a chi tocca dare loro questo insegnamento?

«Qual è dunque il servo fidato e prudente che il padrone ha preposto ai suoi domestici con l'incarico di dar loro il cibo al tempo dovuto?»

Lo sappiamo! Siamo noi sacerdoti!

Il sacerdote, quando è ancora in seminario, segue veramente, insieme ai suoi confratelli, una santa Regola di Vita: ha degli orari precisi per la levata mattutina, per la preghiera, per lo studio, per il lavoro, e precise regole di comportamento. Quando esce dal seminario, non va in un monastero a proseguire la stessa vita comunitaria per tutta la vita. Eppure anch'egli ha la sua comunità: la sua comunità è la parrocchia! Egli deve vivere per primo secondo la Regola di Vita, e poi associare ad essa i suoi parrocchiani.

Spesso si sente dire che i sacerdoti trascurano l'ufficio divino."Ma abbiamo tanto da fare!" essi dicono. "Per il bene dei nostri parrocchiani dobbiamo correre di qua e di là! Alla fine della giornata siamo esausti e non rimane il tempo per l'ufficio!"

Ma attenzione! Il vero bene dei vostri parrocchiani è che voi diate loro, insieme all'Eucarestia e alla Parola di Dio, il dono divino della Regola di Vita! Di questo soprattutto essi hanno bisogno! Di questo sentono di aver bisogno! E voi dovete, dunque, non solo non trascurare l'ufficio, ma renderne partecipi gli stessi parrocchiani!

Vi è un salmo - il salmo 83 - che non esprime il punto di vista dei sacerdoti, ma quello dei fedeli. Che cosa dice?

«Quanto sono amabili le tue dimore,
Signore degli eserciti!
L'anima mia languisce
e brama gli atri del Signore.
Il mio cuore e la mia carne
esultano nel Dio vivente.
Anche il passero trova la casa,
la rondine il nido,
dove porre i suoi piccoli,
presso i tuoi altari,
Signore degli eserciti, mio re e mio Dio.
Beato chi abita la tua casa:
sempre canta le tue lodi!» (Sl 83, 2-5)

Il fedele esulta al pensiero della casa di Dio, i cui abitanti cantano sempre le sue lodi. È il mistero della castità di cui abbiamo parlato, quel mistero non negativo, ma positivo, che ci svela che la bellezza, la poesia, la gioia, la felicità vengono dal cielo e non dalla carne, e che anche quanto di esse si riflette nella carne ha la sua origine in cielo. Certamente, sappiamo che la vera felicità non è di questa terra, ma sappiamo anche che fin d'ora possiamo pregustarla nella lode di Dio. Per questo il fedele si mette in cammino, come pellegrino, per recarsi nella casa di Dio e partecipare al canto della sua lode:

«Beato chi trova in te la sua forza
e decide nel suo cuore il santo viaggio (...)
Per me un giorno nei tuoi atri
è più che mille altrove,
stare sulla soglia della casa del mio Dio
è meglio che abitare nelle tende degli empi» (Sl 83, 6.11).

Non esprime questo salmo il desiderio che è nel cuore dei nostri parrocchiani?

7. La "Biblia pauperum" e il nuovo compito dei sacerdoti

Vorrei raccontarvi un'esperienza di pochi giorni fa. Ero molto stanco e desideravo un po' di cambiamento e di riposo. Allora ho preso l'autobus e sono andato a Negombo - che, per le sue molte chiese, è chiamato "la Roma dello Sri Lanka".

Sceso alla stazione centrale degli autobus, ho camminato un po' e, chiedendo informazioni ai passanti, finalmente sono arrivato alla chiesa di Santa Maria - una grande chiesa dell'Ottocento, originariamente benedettina, ora tenuta dall'O.M.I. Quella chiesa, così bella, con tante immagini artistiche della vita di Cristo, della Madonna e dei santi, mi ha veramente impressionato.

Dovete sempre ricordare che un tempo pochi sapevano leggere e scrivere e che, perciò, vi era la cosiddetta "Biblia pauperum": la fede, cioè, era trasmessa soprattutto attraverso la pittura, la scultura, il canto, le cerimonie della chiesa. In fondo anche oggi è così, perché siamo tutti dei "poveri" che hanno bisogno della "Biblia pauperum", cioè di questi mezzi artistici, per nutrire la nostra fede.

E qui vorrei dire che sono d'accordo con il Padre Prasantha - che oggi è assente per malattia e dobbiamo pregare per lui - che la musica nella chiesa è molto decaduta. La ragione che si porta è che bisogna andare incontro ai giovani e usare i ritmi che piacciono a loro. Ma i giovani noi dobbiamo educarli, non seguirli nei loro modi di vita non buoni! Dobbiamo far loro scoprire che esiste una bellezza che viene dal cielo e che, come ho detto, è l'aspetto immensamente positivo della castità.

Chiedete ai vostri fedeli se piacerebbe loro che nella chiesa parrocchiale vi fossero immagini oscene, o che vi si ascoltassero ritmi da discoteca e vi circolassero pubblicazioni indecenti, che vi fosse la televisione perennemente accesa e ognuno dei fedeli, invece di seguire le preghiere comuni, fosse con l'occhio sempre fisso sul suo *smartphone*, che vi si vedessero scene di litigio e volassero parole ingiuriose, volgari e di origine bassamente sessuale. Vi risponderebbero: non sia mai! Vogliamo che la chiesa sia la casa di Dio!

Ebbene - dovreste dire loro - non dovrebbero anche le vostre case essere la casa di Do? Non dovreste portare nelle vostre case la bellezza della lode di Dio e la dolcezza dell'umile servizio reciproco che avete gustato in Chiesa?

È questa trasformazione della vita di tutti i giorni delle famiglie la nuova missione a cui siamo chiamati. Spetta, infatti, a noi sacerdoti donare ai giovani, alle famiglie, a tutti i fedeli quel "terzo tesoro" che ho enumerato dopo l'Eucarestia e la Parola di Dio, cioè quella Regola di Vita che deve dare una forma nuova alla loro vita quotidiana.

Ancora adesso nel catechismo ci si limita, per lo più, ai primi due tesori. Ma ormai è necessario e urgente che, con essi, si insegni anche la Regola di Vita, se non vogliamo che la presenza di Cristo nell'Eucarestia e la Sapienza della dottrina cristiana rimangano fuori della vita quotidiana dei fedeli e che essi adottino una regola di vita sempre più lontana da quella insegnata dagli apostoli e minutamente spezzata, come il pane eucaristico, da San Benedetto nella sua Regola.

È questo il pane che ora i fedeli aspettano da noi!

Ma questo era soltanto un primo passo verso un nuovo progetto: quello di trarre ispirazione da tutta l’esperienza passata per proporre un nuovo modo di formazione teologica, che faccia tesoro dell’insegnamento di San Benedetto.

Nel seguente testo, pubblicato su “La Croce” il 20 gennaio 2018, cercavo di mettere a fuoco una prima impostazione di questo progetto di rinnovamento della teologia.

Per una teologia ispirata alla Regola di San Benedetto
Un invito a pastori, teologi, catechisti e fedeli

«Ed ecco due uomini parlavano con lui: erano Mosè ed Elia, apparsi nella loro gloria, e parlavano della sua dipartita che avrebbe portato a compimento a Gerusalemme» (Lc 9, 30-31).

Nell'episodio della trasfigurazione, accanto a Gesù appaiono Mosè ed Elia, nei quali sembra di poter vedere un'anticipazione profetica della figura di Cristo e della sua lotta contro il potere delle tenebre.

Mosè si trova ad affrontare un potere politico tirannico, il quale ha trasceso i limiti che naturalmente spettano al potere politico arrogandosi il diritto di sentenziare la morte di bambini innocenti. Agli occhi accecati del Faraone, infatti, un calcolo politico, in realtà illusorio e ingannevole, appare più importante delle intangibili leggi divine che sanciscono l'inviolabilità della vita umana.

Anche Elia si scontra con il potere politico, ma sul terreno propriamente religioso: la regina Gezabele, assecondata dal marito, il re Acab, ha introdotto in Israele il culto di Baal, perseguitando e uccidendo i profeti del Dio di Israele. Il popolo si è fatto traviare dalla regina e, pensado di poter conservare quella parte della religione tradizionale che in qualche modo si conciliava con il nuovo culto, aveva messo insieme una parvenza di fedeltà al Dio del Sinai con il culto di Baal e le relative pratiche. Così non aveva fastidi con la "cultura dominante", mentre pensava di sanare tutti i conti con il Dio di Israele con un'osservanza limitata a ciò che faceva comodo. Elia poteva, perciò, legittimamente rimproverare il popolo con il suo accorato appello: «Fino a quando zoppicherete con i due piedi? Se il Signore è Dio, seguitelo! Se invece lo è Baal, seguite lui!» (1Re 18,21).

Come, dunque, Mosè opponeva al potere politico, dimentico dei suoi ambiti e dei suoi limiti, il richiamo ad osservare i principi essenziali del vivere civile, senza i quali ogni strategia politica è destinata a fallire, così Elia opponeva ad una religione che aveva abbandonato i fondamenti essenziali della legge divina per restringersi a pratiche facilmente conciliabili con il culto di Baal, il richiamo all'essenza irrinunciabile della religione del Dio del Sinai.

Riflettendo su questo parallelo tra i due personaggi e sulla loro comune presenza accanto a Gesù nel suo viaggio drammatico verso la consumazione della sua lotta contro il potere infernale, mi è sembrato di poter fare un confronto istruttivo con la nostra situazione attuale. Infatti anche oggi, come nell'ambito politico è sorta la necessità di opporre il rispetto delle inviolabili leggi divine ad un potere politico che, per i suoi illusori calcoli strategici, le ha relegate tra gli "optional", così nell'ambito teologico sorge la necessità di richiamare al rispetto dell'inviolabile sostanza della religione del Dio del Sinai e del Calvario una folla di teologi e di fedeli che, zoppicando con i due piedi, credono di fare buon gioco concedendo un contentino di facciata a Gesù Cristo, mentre nella sostanza seguono il culto del moderno Baal.

Con il desiderio di seguire, umilmente ma fermamente, l'esempio di Elia, ho pensato di proporre la formazione di una corrente di pastori, teologi, catechisti e fedeli che, senza farsi illudere dalla propaganda delle moderne Gezabele, si riconoscano esclusivamente in un cristianesimo fondato sulla verità scaturita della luce del Sinai, di Betlemme e del Calvario.

Questa verità, purtroppo, è stata a lungo offuscata dalla mediocrità e da una stanca prassi abitudinaria. Ho pensato, perciò, di proporre, come fondamento di un cristianesimo e di una teologia ancorati alle antiche fonti genuine ma vivi di vita immortale e perciò più attuali di ogni finto adattamento, una rivisitazione della vita e del pensiero cristiano alla luce del messaggio di San Benedetto. Sono convinto, infatti, che San Benedetto non è stato ancora pienamente compreso e che il suo insegnamento è della più grande attualità e può introdurci al quel vero rinnovamento di cui tutti sentiamo il bisogno.

Con il seguente documento, dunque, scritto originariamente per uso privato e lasciato nella sua forma semplice e spontanea, mi permetto di invitare tutti i pastori, teologi, catechisti e fedeli che vi si riconoscono, a riunirci insieme per un'azione comune: l'azione profetica di Elia, scelto da Cristo stesso come testimone del suo viaggio verso Gerusalemme.

1. Vorrei almeno accennare a un progetto che sta maturando ormai da una decina d`anni e che ora si sta estendendo dall`ambito della vita familiare, da cui era partito, ad ambiti ampi come la scuola, la vita parrocchiale, la formazione sacerdotale, la teologia. La politica non è assente, ma rimane per ora sullo sfondo. Forse conviene partire dal punto di arrivo, quello che mi si sta svelando solo ora, cioè una sorta di rinnovamento del modo di fare teologia che potrebbe in qualche modo disorientare i vari facinorosi dissacratori mostrando una sorprendente capacità di rinnovamento e di creatività nella fede tradizionale. Il progetto partì intorno al 2008 come riscoperta del valore incomparabile della Regola di San Benedetto, molto al di là della funzione organizzativa della vita monastica. Il primo passo fondamentale fu di vedere la fecondità della sua applicazione alla vita familiare. Ma ora si vede molto di più! San Benedetto, se fosse stato capito fino in fondo, avrebbe rivoluzionato tutto il modo di fare teologia! Ma non è mai troppo tardi. Prima cosa: San Benedetto non è impegnato in una costruzione di pensiero, pure se non ignora affatto l`importanza di una sana conoscenza delle cose di Dio, ma è impegnato essenzialmente a plasmare secondo una forma divina la vita quotidiana degli uomini. Meglio: poiché gli uomini vivono praticamente sempre in comune - per prima cosa in famiglia - e la vita comune determina sostanzialmente la vita individuale, egli intende conferire una forma santa, umana e cristiana, alla vita di una cominità - o famiglia. Così facendo egli porta la teologia dal cielo sulla terra.

2. Uno spunto offerto dal versetto di un salmo: "Ai tuoi padri succederanno i tuoi figli" (Sl 44, 17). La nostra missione non è principalmente quella di fare una costruzione teologica teorica, per quanto essa possa essere importante, ma di far crescere una nuova generazione di fedeli che prenda il posto, anche ampliandolo, delle generazioni che vanno passando. Purtroppo, però, gli studi teologici sembrano sostanzialmente orientati alla teoria, quando non vanno fuori strada. Anche i nostri giovani benedettini - e da qui è nata la riflessione - studiando la teologia dei preti, finiscono per dimenticare e disprezzare la Regola di San Benedetto. Ma invece gli stessi preti diocesani dovrebbero riformare i loro studi secondo la Regola di San Benedetto! Forse plasmare la vita di tutti i giorni di famiglie, comunità, adulti, giovani e bambini e allevare un`intera nuova generazione di fedeli è una cosa così banale che non vale la pena di prepararla con uno studio immenso di tutta la vita?

3. Si è parlato di studio. Ma di quale studio? E qui ci soccorre l`episodio cruciale della vita di San Benedetto. Il giovane Benedetto va a studiare a Roma, diciamo all`università. Ma cosa trova a Roma? Gli studenti, dopo le lezioni, si danno alla bella vita.Dunque questi sono i frutti del loro studio? È chiaro che una scuola così non serve a niente! E Benedetto fugge come dalla bocca spalancata dell'inferno, «sapientemente indotto». Passerà anni di solitudine e di meditazione, e quando il Signore lo chiamerà a formare comunità di giovani, infine egli scrive la sua Regola. E cosa dice all`inizio? Che egli intende creare una scuola del servizio divino. Una scuola, dunque, ma ben diversa dalla scuola del mondo che si è lasciato alle spalle. Ora io domando: se Benedetto ha contestato la scuola di tutti per creare un`alternativa, di là dalle sue intenzioni, la nuova scuola alternativa valeva soltanto per pochi giovani particolari o valeva invece per tutti? Mi sembra che la risposta sia scontata: la scuola di Benedetto costituisce un`alternativa necessaria per tutti, persino riguardo agli studi teologici, nella misura in cui questi rispecchiano i difetti della scuola del mondo.

4. Se ci affacciamo a questa sigolare scuola, la prima impressione è che ci sia ben poca cultura e, tutto sommato, anche poca spirituità. Dove sono le grandi effusioni liriche di un Sant`Agostino? San Benedetto parla degli orari della sveglia e dei pasti, del modo di ordinare i testi della preghiera liturgica, del modo di servire nella cucina e nelle altre incombenze pratiche, del modo di vestire e di parlare. Sì, parla anche dell`umiltà e della preghiera sincera del cuore, ma in fondo tutto si risolve in una regolamentazione delle ore della giornata, perché ogni cosa si faccia al modo e al tempo debito e nessuno sia turbato nella casa di Dio. Tuttavia, ad una piu` attenta riflessione viene da esclamare: e vi pare poco?! Ma ha ragione San Benedetto! La vita quotidiana non è fatta di queste cose? E se non le sappiamo vivere bene, sono inutili le effusioni liriche e le summe teologiche. Ed è chiaro come il sole che queste cose nella vita di tutti i giorni non si possono ordinare con la semplice formazione personale, per quanto accurata. Per potere sapientemente e divinamente plasmare la vita quotidiana bisogna necessariamente ordinare e governare sapientemente e divinamente la vita comune, come del resto avevano fatto gli apostoli.

5. Considerando attentamente la Regola e tutto lo sviluppo della tradizione benedettina, cosa abbiamo scoperto? Che per ordinare sapientemente una comunità e una famiglia sono necessarie certamente per prima cosa tutte le virtù pratiche, come la carità, la generosità, l`abnegazione, ma non basta. Dopo la trasformazione dei cuori attraverso l`umile servizio reciproco, quante abilità lavorative, quanta scienza, quanta profonda conoscenza delle cose umane e divine bisogna infondere nella vita familiare di tutti i giorni! La laureata che crede di mortificare i suoi talenti a fare la casalinga non capisce che per governare una "domus", che sia nello stesso tempo una "domus romana" e una "domus Dei", di lauree ce ne vorrebbero una ventina! Questa scoperta ci ha portato qualche anno fa a progettare e poi a realizzare una scuola per le famiglie *online*. E gli insegnamenti che abbiamo ritenuto necessari sono dodici - per questo l`abbiamo chiamata "La corona di dodici stelle".

Vi si può accedere tramite il seguente link:
http://www.abbaziadifarfa.it/formazione.asp

6. Vediamo quali sono: architettura, abilità pratiche, abilità artistiche, risparmio e cura dell`ambiente, cura di piante e animali, cucina, gioco manuale, musica e canto, poesia e letteratura, calligrafia e scrittura artistica, formazione religiosa e sua trasmissione ai più piccoli, carità e solidarietà familiare e sociale. Niente male! Ma quello che sta venendo in luce solo ora è che questa scuola, pensata modestamente per le famiglie, è per prima cosa una provocazione rispetto all`inadeguatezza della scuola pubblica, e inoltre è una provocazione anche rispetto all`inadeguatezza della scuola teologica e della vita parrocchiale, che ne è condizionata. Partiamo dall`osservazione che mi ha fatto recentemente il confratello Don Giulio: ai sacerdoti non si insegna alcun senso estetico. Per questo poi nella liturgia si introducono le cose peggiori. Allora è inutile fare un "motu proprio" sulla liturgia antica! Ma nella nostra scuola è previsto proprio un insegnamento di architettura, di abilità artistiche, di musica, di letteratura, di scrittura artistica! Vedremo in seguito altri aspetti per cui la nostra scuola appare come un modello per una scuola teologica e per una vita parrocchiale totalmente rinnovate.

7. Notiamo, intanto, l'indirizzo pratico e rivolto alla vita comunitaria e familiare di questi insegnamenti. Non si tratta, cioè, di diventare architetti o musicisti professionali, ma di imparare a saper collocare e arredare con sapienza gli spazi della casa perché vi si possa svolgere convenientemente la vita secondo un progetto sano e santo, e di essere in grado di guidare i propri figli all'apprezzamento della musica veramente degna di questo nome, come pure di saper realizzare un canto sacro e profano che sia realmente gradevole e favorisca l'elevazione dei sentimenti. E, come è ovvio, queste abilità non sono fini a se stesse, ma devono essere animate dallo spirito di umiltà e di servizio finalizzato a formare una "stirpe santa" che condivida una vita gioiosa nel servizio di Dio: "schola dominici servitii".

8. Ma procediamo con ordine. La scuola del servizio divino non incomincia, propriamente, con la "cultura", ma vi arriva "dal basso". Per capire meglio questo punto, ricordiamo che, nella vita religiosa, durante il noviziato - cioè l'anno di preparazione all'ingresso ufficiale nella vita monastica, che avviene con la professione - sono proibiti, di regola, gli studi umanistici. Ciò significa che non bisogna mettere i novizi a studiare materie scolastiche - a parte quelle nozioni necessarie per la preghiera, per la conoscenza della Regola e della sua fecondità nella vita del mondo o per qualche servizio particolare - perché il massimo dell'impegno deve essere concentrato sullo scopo essenziale dell'anno di noviziato: la formazione delle virtù necessarie ad una vita santa, cioè l'umiltà, lo spirito di servizio, il lavoro assiduo e faticoso, l'abnegazione, la vittoria sul propro egoismo e sul proprio comodo, l'amore fraterno fattivo e generoso e, ovviamente, come fondamento di tutto, lo spirito di preghiera e l'amore a Gesù, accompagnato dall'imitazione delle sue virtù, e specialmente della sua accettazione della croce in filiale obbedienza al Padre. Su queste virtù si fondano, nella loro sostanza, l'amore fraterno e la solida vita comunitaria. Tutto il resto, cioè le necessarie competenze e abilità, devono germogliare da questo "humus" per essere ciò che devono realmente essere. Altrimenti esse divengono necessariamente causa di presunzione e di rivalità e non di rado, per non dire sempre, la caricatura di se stesse.

9. Ma la stirpe santa che germoglierà da questo "humus" fecondo avrà poi bisogno di tutte le dodici stelle, le quali si integrano l'una con l'altra e non possono brillare con tutto il loro splendore isolatamente. Prendiamo la stella più importante, cioè l'undicesima: la formazione religiosa e la trasmissione della fede ai più piccoli. È quella che chiameremmo più propriamente la "teologia". Un tempo, giustamente, essa era considerata la "regina delle scienze". Come mai oggi è diventata una misera specializzazione intellettualistica, isolata da tutto il resto? Forse perché non germoglia dall'"humus" dell'umiltà benedettina e non è sentita come la sapienza architettonica che

deve plasmare la vita quotidiana della comunità familiare, monastica, parrocchiale nella luce di Dio. Ma se per plasmare così il popolo di Dio sono necessarie tutte le dodici stelle e se l'undicesima deve illuminarle tutte con la sua luce celeste, non dovrebbe il sacerdote essere formato come un saggio abate capace di animare e far crescere la casa di Dio regolando santamente e sanamente ogni aspetto della vita comune, piuttosto che come uno specialista di nozioni particolari, avulse dalla vita e isolate da ogni virtù, abilità o cognizione necessarie al buon regolamento della vita umana?

10. Lo svolgimento della fede nell'undicesima stella è determinato dall'esigenza primaria della sua trasmissione ai più piccoli. Infatti la generazione della vita e la sua illuminazione con la luce divina sono un tutt'uno. Per questo al centro delle riflessioni dell'undicesima stella vi è la sublime realtà dell'amore fecondo degli sposi e della sacralità della generazione della vita. E il libro della Genesi non si apre forse con la celebrazione di queste opere di Dio, che costituiscono il culmine della creazione e nello stesso tempo il salto qualitativo che porta tutta la natura creata, attraverso la coscienza e l'amore dell'uomo e della donna, verso la comunione con il Creatore? In questa prospettiva Dio rivela il suo volto in modo eminente, al di sopra dell'ordine naturale, tramite la coscienza e l'amore della creatura umana, e se la realtà tragica del peccato originale e delle sue conseguenze attraverso la storia, fino ai nostri giorni, viene a sconvolgere il meraviglioso poema dell'amore, essa non infrange il piano divino che, già dall'eternità, ha preordinato che il primo vagito del figlio dell'uomo e della donna contenesse in sé il presentimento e la promessa della generazione del Figlio di Dio nella carne. Così l'intangibilità del mistero dell'uomo e della donna, riflesso luminoso della vita intima della Trinità, e della vita umana da loro generata, riflesso sublime dell'incarnazione di Cristio, si impone fin dall'inizio del discorso della fede e si intreccia con le vicende quotidiane di ogni famiglia umana.

11. Ma se il mistero dell'uomo, della donna e della loro progenie, avvolto dalla luce della coscienza e dell'amore, riflette tutto il creato e gli dà il suo senso, ogni realtà viene assunta dalla vita quotidiana della famiglia umana per celebrarne la bellezza e per dar lode al Creatore. Se il canto degli uccelli esprime il misterioso richiamo della generazione, il canto umano e la musica che ad esso si ispirano, naturalmente accompagnano l'espressione dell'amore e la celebrazione delle nozze dell'uomo e della donna. E il linguaggio, che ci è donato per dar voce al creato, ai nostri sentimenti e alla lode di Dio, non trova nella poesia la sua più connaturale espressione? Dunque le stelle relative alla musica e alla letteratura, come tutte le altre - *in primis* quella, oggi giustamente molto sentita, della carità e della solidarietà sociale - fanno da necessario corteggio alla stella della fede e della sua trasmissione. «Tutta la creazione assumeva da capo, nel suo genere, nuova forma, obbedendo ai tuoi comandi, perché i tuoi figli fossero preservati sani e salvi» (Sp 19, 6).

Ma un sacredote che non ha gusto e conoscenza della vera musica e non sa distinguerla dalla sua degenerata contraffazione, o che non cura l'espressione della lingua e magari si abbandona al linguaggio imbarbarito oggi diffuso, o che non sa gestire nella pratica un'efficace operosità caritativa - e lo stesso discorso vale per tutte le altre cose - come potrà essere il saggio abate che fa crescere il suo gregge nella casa di Dio, dove ogni cosa è data e ricevuta nel modo e nel tempo debito e dove nessuno si turba e si rattrista? E chi distribuirà alle famiglie il pane di San Benedetto, cioè le dodici stelle necessarie ad allevare la nuova stirpe santa perché possa proseguire ed espandere nel mondo la rigenerazione del genere umano?

L'idea era lanciata, ma ora si prospettava la necessità di portarla avanti. Per questo, insieme ad alcuni amici, incominciammo a progettare la creazione di un sito *internet* dal titolo "Centro Teologico Benedettino", che in qualche modo completasse la già esistente scuola *online* "La corona di dodici stelle".

In un testo, ancora inedito, ho cercato di indicare le fondamenta teologiche del nuovo sito.

Lo riporto qui di seguito.

Le motivazioni e i principi ispirativi del nostro sito

«Venite, figli, ascoltatemi, vi insegnerò il timore del Signore».
Regola di San Benedetto, Prologo (Sl 33, 12)

1. Il 5 marzo 2018 è apparso su "Vita Nuova - Settimanale Cattolico di Trieste" - un articolo molto stimolante, scritto da Silvio Brachetta, esponente dell'Osservatorio Cardinale Van Thuan.

Il testo dell'articolo è breve, ma essenziale.

«Da Mario Fani al Partito Popolare italiano» scrive l'autore «è passato più di mezzo secolo (..) E furono cinquant'anni di formazione, di cultura, di Opera dei congressi, di Comitati cattolici, di nascita della dottrina sociale come disciplina con nome e cognome, di formazione dei sindacati, dei Toniolo, degli Acquaderni, dei Salviati, dei Grosoli».

Qual è, invece - si chiede l'autore - la situazione culturale generale di oggi, a cinquant'anni del '68? «Una realtà fatta di ateismo, ribellione, faciloneria».

L'articolo, se pure descrive con realismo una situazione tragica, non vuole affatto essere disfattista. Al contrario, esso invita a guardare con sano realismo la situazione degradata a cui ci hanno condotto cinquant'anni di dissoluzione e a reagire attraverso «un cammino decennale di riformazione di qualcosa che è andato distrutto».

Come meritava, l'articolo ha riscosso una lunga serie di commenti positivi e integrativi, nei quali conviene soprattutto sottolineare l'osservazione, più volte ripetuta, che nello stesso mondo cattolico si è assistito ad uno sfaldamento ideale di dimensioni incalcolabili, tanto che le statistiche parlano dell'80 % dei cattolici dichiarati che non conoscono né la Bibbia né le dottrine cristiane più elementari.

Il breve articolo, dunque, costituisce un contributo costruttivo importantissimo, del quale dobbiamo essere sinceramente grati all'autore. Ma esso constituisce anche una sfida, che non possiamo non raccogliere.

Ed è, appunto, la sfida alla quale il nostro sito - se pure esso era stato già programmato da tempo - vuole ora rispondere, lanciando una proposta che possa servire a raccogliere le forze in vista di un progetto comune.

In quello che segue cercherò di sintetizzare le linee fondamentali che caratterizzano la presente iniziativa.

2. Se la dissoluzione culturale di cui si è detto estende i suoi tentacoli nello stesso mondo cattolico, ciò vuol dire che la crisi riguarda, in modo particolare, quelli che della formazione cattolica sono i primi responsabili: i sacerdoti. Che sia così lo domostra, tra l'altro, il fatto che la stessa parola "sacerdote" è stata in qualche misura delegittimata, preferendosi ad essa l'espressione "presbitero", in quanto apparentemente più biblica e meno legata ad una funzione sacrale. Contemporaneamente si è invece immensamente sottolineato il "sacredozio dei fedeli", e questo in un periodo in cui sempre più si perdeva, nel sentire comune, il senso del sacro.

Che il "sacerdote" non sia che un "pastore", o ministro della Parola, e che il sacerdozio sia, in ultima analisi, soprattutto una prerogativa di tutti i fedeli non è certamente una dottrina nuova, ma fino a poco tempo fa essa era propria di comunità non propriamente cattoliche!

Nella dottrina cattolica, secondo una tradizione che risale almeno a San Clemente Romano, gli apostoli e i loro discendenti hanno ereditato, ampliandolo a tutto il mondo, il ruolo che nell'Antico Testamento era proprio del sacerdozio levitico. Quanto viene detto su questo punto nella Lettera ai Corinzi di San Clemente - ai nn. 40-44 - lo troviamo ampiamente sviluppato nei *Sermons on the Subjects of the Day* nn. 14 e 15 di John Henry Newman - disponibili tramite i seguenti link:

http://www.newmanreader.org/works/subjects/sermon14.html

http://www.newmanreader.org/works/subjects/sermon15.html

Clemente, dopo aver ricordato le norme per le offerte liturgiche dell'Antico Testamento, presentandole come sempre attuali, scrive:

«Al gran sacerdote sono conferiti particolari uffici liturgici, ai sacerdoti è stato assegnato un incarico specifico e ai leviti incombono propri servizi. Il laico è legato ai precetti laici» (Cor. N. 40).

E nel paragrafo successivo aggiunge:

«Ciascuno, o fratelli, nel suo posto piaccia a Dio, agendo in buona coscienza e dignità, senza infrangere la norma stabilita per il suo compito».

E, ricordando le pene severe riservate a chi trasgredisce gli ordinamenti rituali divini, conclude:

«Vedete, fratelli, quanto maggiore è la scienza di cui fummo degnati, tanto maggiore il pericolo cui siamo esposti» (Cor. N. 41).

Da parte sua Newman scrive:

«Apprendiamo dalle storie di Nadab e Abiu, di Kore, Datan e Abiram, e di Uzzà, che nessuno poteva usurpare l'ufficio sacerdotrale o ribellarsi contro il sacerdote senza la più tremenda responsabilità. Quella che era stata la norma della legge è anche la norma del Vangelo, come San Giuda insegna espressamente. Egli, infatti, parla degli oppositori all'autorità della Chiesa nel suo tempo come di coloro che "sono periti nella ribellione di Kore" (Gd 11)» (Sermone n. 15).

E aggiunge:

«Il tempio giudaico è abolito, perché il vero tempio spirituale, la comunione dei santi, è stato stabilito da Cristo. Tuttavia, anche se il modello è tolto, il precetto rimane. Devono essere costruiti templi in onore del Signore sotto il Vangelo, e devono essere consacrati e trattati come sue dimore, e per quanto possibile conformati al modello di quell'antica costruzione che un tempo era stata ordinata» (Ibid).

E ancora:

«A conferma di quanto detto aggiungerò che come altri profeti, così specialmente Malachia, l'ultimo di loro, in cui, appunto in quanto ultimo, ci aspetteremmo chiare indicazioni sulla distruzione degli antichi ordinamenti alla venuta di Cristo, se essi dovevano essere distrutti, quando profetizza sui tempi del Vangelo e parla della necessria preparazione ad essi, rafforza, anziché distruggerlo, il sistema rituale (...) E, quanto al sacerdozio, lungi dall'abolirlo, Cristo doveva purificarlo e raffinarlo. "Sederà per fondere e purificare; purificherà i figli di Levi, li affinerà come oro e argento" (Ml 3, 3). Né doveva abolire il sacrificio, poiché il profeta prosegue: "li affinerà come oro e argento, perché possano offrire al Signore un'oblazione secondo giustizia" (Ibid)» (Ibid).

Da Clemente Romano a Newman, dunque, vediamo affermato il risorgere, ad un livello superiore, della funzione sacerdotale levitica nel sacerdozio cattolico.

Ciò suggerisce una serie di riflessioni che ci porteranno molto lontano.

3. Recentemente c'è stato il caso di un sacerdote che ha scelto di abbandonare il sacerdozio, non per amore di una donna, come spesso succede, ma per impegnarsi nella politica. Il fatto è emblematico: indica che nella coscienza di molti cattolici, e dello stesso clero, si è insinuata l'idea che la funzione sacrale del sacerdozio serva a poco e che ad essa va preferita, in quanto più efficace per il bene degli uomini, l'attività sociale e politica.

Non andiamo a ricercare, ora, le cause remote di questa idea, ma vediamo, piuttosto, come essa presupponga l'offuscarsi, nella coscienza umana, delle sorgenti più vere e profonde dei destini del mondo.

Cerchiamo di comprendere meglio questo punto alla luce della Parola di Dio.

Nella Bibbia, il sacerdozio è strettamente legato al tempio e il tempio, a sua volta, costituisce l'attrattiva suprema del popolo dei fedeli: la "casa di Dio", verso la quale sospira il cuore del pellegrino e del devoto israelita.

«Quanto sono amabili le tue dimore
Signore degli eserciti! - canta il slamista -

L'anima mia languisce
e brama gli atri del Signore.
Il mio cuore e la mia carne
esultano nel Dio vivente.
Anche il passero trova la casa,
la rondine il nido,
dove porre i suoi piccoli,
presso i tuoi altari,
Signore degli eserciti, mio re e mio Dio.
Beato chi abita la tua casa:
sempre canta le tue lodi!» (Sl 83, 2-5).

Chi abita nella casa del Signore, se non il sacerdote? E abitare nella casa del Signore implica una forma di vita diversa da quella che si conduce nella società secolare. L'espressione: «sempre canta le tue lodi» implica una consacrazione del cuore e dell'anima che non può non investire lo stesso modo di vivere quotidiano.

E questa vita che si vive nella casa del Signore non è sentita, dai fedeli, come qualche cosa di lontano o di estraneo, ma, al contrario, quale oggetto di desiderio e di santa invidia:

«Per me un giorno nei tuoi atri
è più che mille altrove,
stare sulla soglia della casa del mio Dio
è meglio che abitare nelle tende degli empi» (Sl 83, 11).

«Beato chi hai scelto e chiamato vicino,
abiterà nei tuoi atrii.
Ci sazieremo dei beni della tua casa,

della santità del tuo tempio» (Sl 64, 5).

Il devoto israelita desidera partecipare, per quanto gli è possibile, alla vita che si svolge nella casa di Dio e di riceverne di riflesso una benedizione per la sua stessa vita.

4. Più volte è stato sottolineato che il monachesimo è, o fu all'origine, un movimento laicale e non clericale, e in tempi recenti si è anche giudicato come fatto negativo che esso si sia "clericalizzato". La critica è interessante e, anche se penso che vada ridimensionata e meglio inquadrata, può offrire preziosi spunti di riflessione.

Recentemente il mio cofratello Don Giulio Meiattini ha osservato che in pressoché tutti i trattati di ecclesiologia degli ultimi cinquant'anni si parla pochissimo e in modo assolutamente riduttivo e inadeguato della vita consacrata, quasi che essa non faccia parte, propriamente, del mistero della Chiesa. Non so se, in ultima analisi, questa assenza potrebbe avere, almeno remotamente, la stessa causa della scelta "politica" del sacerdote di cui ho parlato. In ogni caso, quello che sembra sempre maggiormente imporsi è la trascuratezza per la santificazione della vita quotidiana, personale e comunitaria, e il prevalere da una parte dell'impegno sociale pubblico, e quindi anche politico, e dall'altra delle attività professionali, tra le quali finisce per essere inquadrato anche lo stesso sacredozio.

A mio giudizio siamo qui giunti al cuore della crisi cuturale e di costume che ha investito tanto la Chiesa cattolica quanto il mondo secolare, e dalle correzioni sostanziali che ora proporrò si capirà anche quale è la natura della deviazione che a poco a poco si è inavvertitamente introdotta.

Un'osservazione fondamentale da fare è che la vita consacrata non è affatto marginale nel mistero della Chiesa. Al contrario, essa è al centro stesso della sua vita. Il fatto che fosse, originariamente, un movimento laicale dimostra in che misura essa investa le aspirazioni più profonde dei semplici fedeli - e, di là da essi, di tutti gli uomini - mentre il fatto che risponda meglio di qualsiasi altra forma di vita all'esclamazione del salmo: «Beato chi abita la tua casa: sempre canta le tue lodi!» dimostra quanto profondamente essa sia legata al sacerdozio.

Se, infatti, il sacerdote è, per sua natura, legato alla "casa di Dio" e alla vita santificata che in essa si conduce, anche la vita consacrata è legata alla "casa di Dio". Nella Regola di San Benedetto, che è il prototipo di tutta la vita consacrata occidentale, il monastero non viene più volte definito: "casa di Dio"? Dunque la "casa di Dio" è il tempio sacerdotale o il monastero? L'uno e l'altro, se la vita monastica nasce proprio dal desiderio di conferire una forma santa, quale essa è richiesta da chi abita nella "casa del Signore", alla vita quotidiana.

In questo senso la vita monastica si pone da una parte come modello della vita sacerdotale, quale si dovrebbe vivere nel tempio del Signore, e dall'altra come modello di una vita laicale che voglia rispecchiare, nel mondo secolare, un riflesso della vita che si ammira nella "casa del Signore".

Dunque togliete la vita consacrata dal mistero della Chiesa e tutto si offusca. Si offusca il sacerdozio, che perde il suo modello di vita nella "casa di Dio", e si offusca la vita laicale, che non riceve più il riflesso delle «amabili dimore» del «Signore degli eserciti».

Se «l'anima languisce», dunque, ora non è più per una presenza, ma per una tragica assenza, che l'attivismo sociale o professionale non possono né sostituire né colmare. Al fondo di tanta agitazione rimane un vuoto di vera consistenza umana, dal quale non può che derivare un abbassamento di livello in tutto il costume morale - e quindi non certo quei benefici civili che il sacerdote impegnato in politica si sogna!

5. Osserviamo ancora che il nuovo tempio è infiniamente superiore all'antico. Se il "Sanctum Sanctorum" del tempio di Gerusalemme conteneva l'Arca dell'Alleanza, il "Sancum Sanctorum" del tempio cristiano contiene la presenza stessa di Cristo nell'eucarestia. E questa presenza, se da una parte conferma la promessa di Cristo: «Ecco, io sono con voi tutti i giorni, fino alla fine del mondo» (Mt 28, 20), dall'altra

esige di irradiarsi nella vita sacerdotale e consacrata che si svolgono quotidianamente nella "casa di Dio". È quella vita a cui l'anima che ha ricevuto la sublime chiamata aspira:

«Una cosa ho chiesto al Signore,
questa sola io cerco:
abitare nella casa del Signore
tutti i giorni della mia vita,
per gustare la dolcezza del Signore
ed ammirare il suo santuario» (Sl 26, 4).

E questa vita si esprime per prima cosa con un canto che non può essere degradato, ma celestiale:

«Beato chi abita la tua casa:
sempre canta le tue lodi!»

E, oltre a cantare le lodi del Signore, l'anima non cesserà di ammirare il suo santuario, in cui ogni immagine, ogni ornamento, ogni gesto, ogni parola saranno un riflesso di quella vita celeste che Cristo è venuto a portare sulla terra e che la testimonianza dei secoli non ha cessato di arricchire.

Infatti «in lui era la vita e la vita era la luce degli uomini» (Gv 1, 4), ma «la vita si è fatta visibile» (1Gv 1, 2). Come? Per mezzo della generazione umana nel grembo di Maria. Così la generazione umana, che fin dall'origine era destinata a generare il Figlio di Dio nel mondo - perché era a sua volta immagine della generazione eterna del Figlio di Dio nel seno del Padre - appare come la realtà più sacra e inviolabile. E se essa oggi è così spaventosamente violata, non sarà il primo passo per una ricostruzione della cultura e del costume cristiano l'impegno a riconsacrare il suo sublime mistero?

Ma come si farà questa riconsacrazione, se non alla luce della Vita che «si è fatta visibile» tra le braccia della Vergine santa? E, dunque, alla luce della vita che si svolge nella casa di Dio, tra la presenza di Cristo nell'eucarestia, inseparabile dalla presenza di Maria, e la presenza dell'amore verginale sacerdotale e dell'amore verginale della vita consacrata. Come, infatti, dall'amore verginale di Cristo e di Maria, così dall'amore verginale della vita sacerdotale e consacrata scaturisce sulle nozze umane il vino nuovo di quell'amore più alto che era venuto a mancare.

Il Vangelo si apre con questa consacrazione delle nozze umane, e ciò dimostra come essa fosse al centro della purificazione operata da Cristo e da Maria e deve essere al centro della purificazione di quanti alimentano nel tempio del Signore la fiamma dell'amore verginale, accesa per sempre dallo Sposo celeste e dalla benedetta fra le donne.

Dunque la rinnovata catechesi che si richede non è una catechesi soltanto teorica e intellettuale, ma è per prima cosa una catechesi rivolta a dare una forma "divina" alla vita quotidiana delle famiglie, proprio come San Benedetto, con la sua Regola, ha voluto dare una forma "divina" alla vita quotidiana che si svolge nella "casa di Dio".

Ma per ottenere questa catechesi dobbiamo rinnovare la formazione sacerdotale. Anch'essa non deve essere puramente teorica e intellettuale, ma deve essere rivolta a dare una forma "divina" alla vita quotidiana che si svolge nel tempio del Signore e a rendere, così, il tempio del Signore tanto amabile che l'anima dei fedeli «languisce e brama» di dimorarvi per poterne imitare la dolcezza nella propria casa.

La casa di San Benedetto, infatti, è anche una scuola: la "scuola del servizio divino", che dovrà sostituire la scuola puramente intellettuale dello stato, come anche in gran parte la scuola, anch'essa troppo unilaterlmente intellettuale, del seminario. E quale lezione porterà a questa scuola una vita consacrata che sappia rinnovare, nelle presenti drammatiche circostanze, la sua funzione apostolica - certamente più socialmente efficace dell'attività del sacerdote che ha rinunciato alla sua vocazione sacra per impegnarsi direttamente in politica!

Poche pagine per delineare un programma. Ma per attuarlo «servirà «un cammino decennale di riformazione di qualcosa che è andato distrutto».

Per conseguire questo obiettivo vogliamo congiungere le forze e mettere al centro del nostro impegno l'insegnamento di San Benedetto, che non ha voluto realizzare una costruzione teorica, ma la formazione di un popolo nuovo, che facesse risplendere nella vita quotidiana il lievito divino del Vangelo.

Questo programma, già sperimentato nell'ambito familiare con la scuola *online* "La corona di dodici stelle", vogliamo ora estenderlo a tutto campo alla vita della Chiesa, e specialmente, oltre alla vita delle famiglie, alla vita sacerdotale e consacrata.

La generazione più anziana si avvia a passare da questa vita. Sarà essa in grado di far crescere una nuova generazione, che non solo erediti le fede della generazioni passate, ma la faccia ancor più fruttificare? All'adempimento di questa missione, prima di ogni altra cosa, vuole contribuire questa nostra iniziativa.

«Ai tuoi padri succederanno i tuoi figli;
li farai capi di tutta la terra.
Farò ricordare il tuo nome
per tutte le generazioni,
e i popoli ti loderanno in eterno, per sempre» (Sl 44, 17-18).

Conclusione

Eccoci, dunque, giunti sulla soglia della realizzazione del nuovo sito. Le premesse ci sono, ed ora bisogna raccogliere le forze per metterlo in atto e renderlo diffuso e operante.

Come appare dalla rivisitazione degli avvenimenti di questo ultimo decennio che ho cercato di riassumere, esso è il punto di arrivo di un lungo percorso.

Ma la nostra speranza è che possa essere anche il punto di partenza di un percorso infinitamente più lungo e fruttuoso!

Indice

MIX
Papier aus verantwortungsvollen Quellen
Paper from responsible sources
FSC® C105338

Printed by Books on Demand GmbH, Norderstedt / Germany